JN200401

水彩画で巡る癒しの

日本の滝　百選

はじめに

日本には落差五メートル以上の滝が一五〇〇弱、それ以外のものを加えると、実に四〇〇〇を越える滝が全国に点在しているといわれています。

その中には名称が冠され、古来より信仰の対象として人々と密接な繋がりを持つもの、神秘的ロマンを秘した滝が数多くあります。

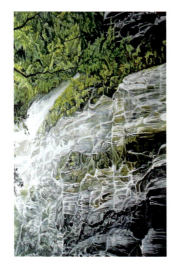

私が滝を観賞する際に一番心掛けていることは、その滝を構成するそれぞれのエレメントを納得できるまで観察することです。

それは、単に落下する水流の変化だけではなく、その水流を取り囲む奇岩や苔むした岩肌、絶妙に配された樹々・草花等、滝の創世期から綿々と息吹を伝える自然の大芸術に触れられる思いからです。

ここにご紹介した「日本の滝百選」に選ばれた滝は、これらエレメントを十二分に満たした感動的な出逢いが味わえるものばかりと思います。

水彩技法で滝を描き始めてから十六年が経ってしまいました。その間、その滝の個性を直接肌で触れたく可能な限り現地に赴きましたが、残念ながらその想いは叶わず、出版物・インターネット等から情報提供を得て完成した作品もあります。本書を通じて、僅かでも滝百景が醸し出す神秘的エネルギーを感じていただければ幸いです。

阿部篤敬

北海道

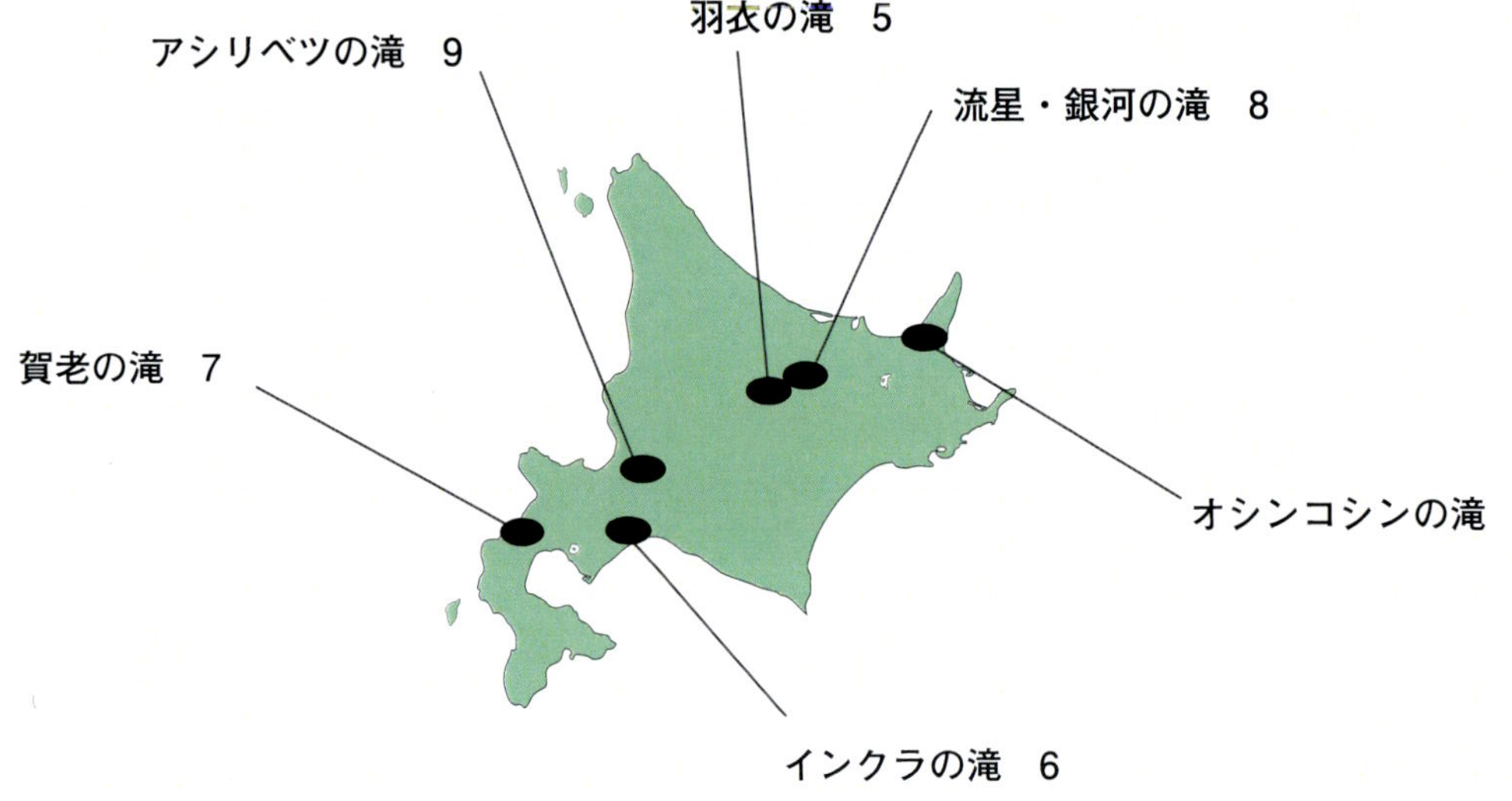

羽衣の滝　5
アシリベツの滝　9
流星・銀河の滝　8
賀老の滝　7
オシンコシンの滝　10
インクラの滝　6

羽衣(はごろも)の滝(たき)

落下型　分岐瀑
落差　２７０メートル

北海道川上郡東川町　忠別川支流

１９００年頃に発見される。当初は「夫婦滝」と呼ばれていたが、１９１８年に文人大町桂月が句でこの滝を「岩肌に羽衣を掛けたようだ」と激賞したことから「羽衣の滝」と命名された。

大雪山系の東側、忠別川の浸食によりできた渓谷天人峡の一角に位置し、七段の滝の途中で二つの沢が合流しており、落下する水流がその名の通り岩肌に羽衣を掛けたように美しい自然の様を展望することができる。私もその美しさに感動し、〝日本の滝百選〟を描くきっかけともなった滝である。

落差２７０メートルは富山県立山にある称名滝に次いで全国２位と言われている。

53.0 × 45.5　2023

◉問い合わせ先　川上郡東川町役場　0166（82）2111

インクラの滝

落下型　直瀑
落差　43・9メートル

北海道白老郡白老町　別々川支流の西別々川

樽前山麗別々川支流の西別々川の上流にかかる滝で褐色の切り立つ岩肌が特徴。戦前に切り出した木材を運ぶインクライン施設があったことに滝名は由来している。

川の名前に因んで「別々の滝」とも呼ばれるが、脆い地質条件の為、崩落等で姿形がよく変わるので、危険なことから立ち入り禁止となっていた。

今では、２００９年に遊歩道と見晴らし台が整備され、かつてのように滝壺までは行くことができないが、滝の全景が眺望できるようになっている。

53.0 × 45.5　2008

●問い合わせ先　白老観光協会　0144（82）2216

賀老(がろう)の滝(たき)

落下型　直瀑
落差　70メートル

北海道島牧郡島牧村　千走川上流

千走川上流の賀老高原にかかる豊富な水量を誇る雄大な直瀑で、ことに雪解け水が集まる6月中旬頃はその迫力に圧倒される。

別名「竜神の滝」、「飛龍の滝」と呼ばれているが、その由来は、1631年（寛永8年）に島牧で砂金が見つかり、松前藩の金山奉行が江戸幕府に対してこの金を隠す計画を立て、その隠し場所として選んだのがこの賀老の滝壺であった。

この金山奉行が、若いころに傷ついた小鹿をこの賀老の滝で洗い助けてやったことがあった。その鹿が突然現れてこの滝壺に隠すように伝え、竜神が金を守り掘り出すものには祟りを与えることを告げた。

以来、竜の祟りがある滝「竜神の滝」、「飛竜の滝」と呼ばれるようになった。

53.0 × 45.5　2008

●問い合わせ先　島牧村役場企画課情報係　0136（75）6211

流星・銀河の滝

落下型　直瀑・分岐瀑
落差　90・120メートル

北海道上川郡上川町　石狩川左岸の断崖

国道39号線銀河トンネルの入り口横から旧道に入ったところに整備されている景勝地、層雲峡の大駐車場からこの2つの滝を同時に眺めることができる。

右には太い1本の線となって流れ落ちる力強い滝の姿から別名〝雄滝〟と呼ばれる「流星の滝」。左には末広がりになって白糸を垂らした美麗な優雅さから〝雌滝〟と呼ばれる「銀河の滝」を望むことができ、2つの滝が仲良く寄り添っていることから「夫婦滝」との別名もある。

駐車場背後にある「双瀑台」の展望台からは流れ落ちる2つの壮大な滝を展望することができ、また、層雲峡には他にも大小様々な滝を鑑賞することができる。

54.5 × 76.5　2008

53.0 × 45.5　2023

◉問い合わせ先　層雲峡観光協会　0165（82）1811

アシリベツの滝（たき）

落下型　直瀑
落差　26メートル

北海道札幌市南区滝野　厚別川上流

アシリベツは厚別の地名語源で、アイヌ語のアシリベツ（新しい川）に滝名は由来する。

数万年前に発生した支笏カルデラを形成する大規模な火山噴火により、下降軽石や軽石流堆積物で厚別川源流は埋没してしまった。やがて噴火がおさまるにつれて流れを回復し、その流れによって起こった浸食活動が今の渓谷や滝を誕生させた。

札幌市中心地から南へ20キロほどの滝野すずらん丘陵公園内にあり、開園以外は見ることができないので要注意。

左側の支流の崖も滝となって落ちているが、ふだんは水量が少ないためあまり目立たないので水量の多い時期に合わせれば滝を眺めることができる。

45.5 × 53.0　2008

45.5 × 53.0　2023

●問い合わせ先　滝野町公園案内所　011（59）3333

オシンコシンの滝

落下型　分岐瀑
落差　50メートル

北海道斜里郡斜里町　チャラッセナイ川河口付近

国道334号線沿いにあって、滝と駐車場が近いことから滝の中ほどまで階段で登ることができる。名前の由来は、アイヌ語のオ・シュンク・ウシ（川下にエゾマツが群生するところ）から転じている。知床半島第一の大瀑であり、滝の途中で2条に分かれていることから「双美の滝」とも呼ばれている。また、滝の上にある展望台からは、オホーツク海や知床連山を遠望することができ、ことに流氷の季節は見渡す限りの白い海原を楽しむことができる。

45.5 × 53.0　2008

◉問い合わせ先　知床斜里町観光協会　0152（22）2125

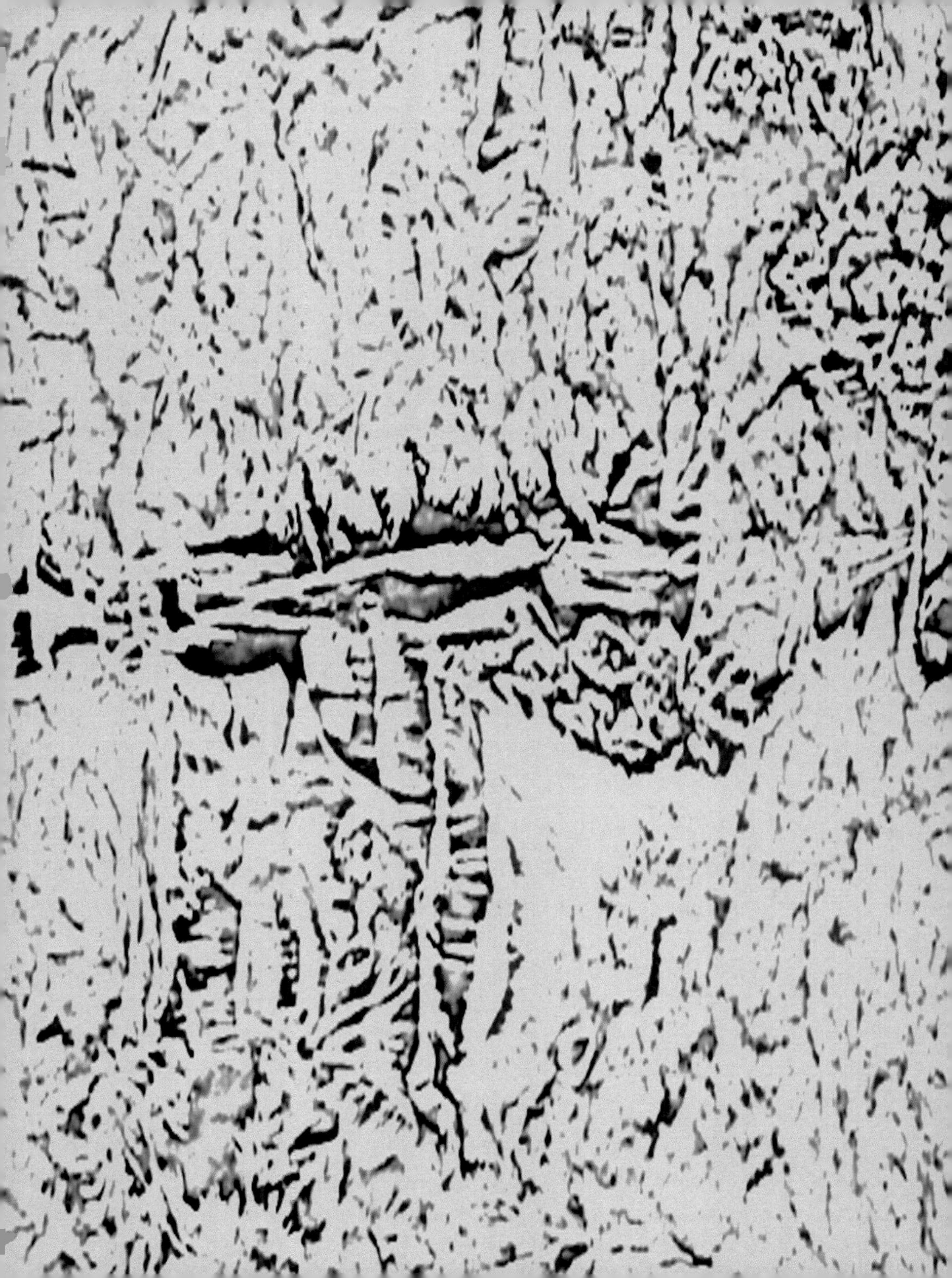

東北

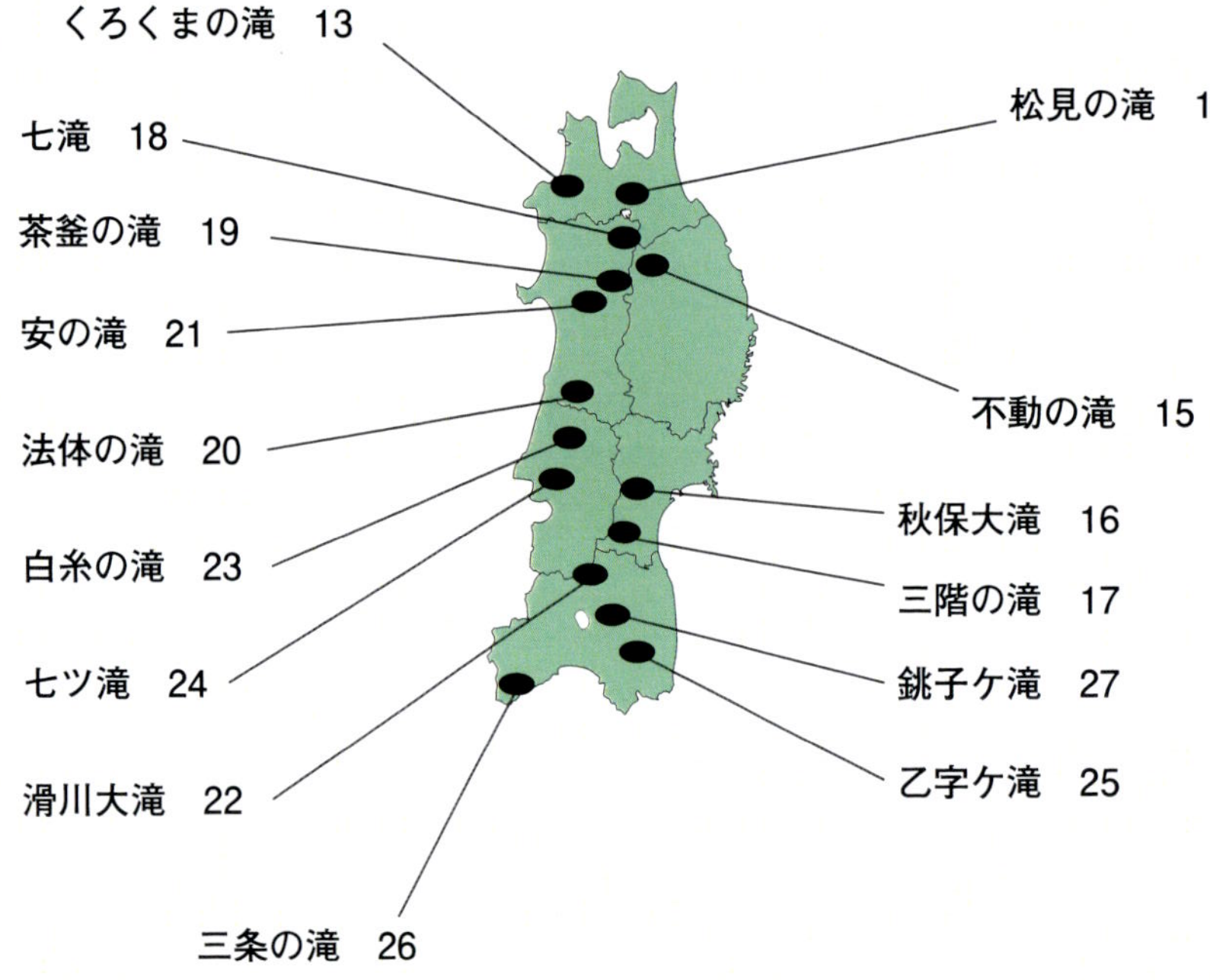
くろくまの滝　13
松見の滝　14
七滝　18
茶釜の滝　19
安の滝　21
不動の滝　15
法体の滝　20
秋保大滝　16
白糸の滝　23
三階の滝　17
七ツ滝　24
銚子ケ滝　27
滑川大滝　22
乙字ケ滝　25
三条の滝　26

くろくまの滝(たき)

落下型　分岐瀑
落差　85メートル

青森県西津軽郡鰺ヶ沢町　赤石川中流付近の支流滝ノ沢

　県道28号線の白神ラインを約18キロ走り、赤石川の手前から北に向けて林道に入る。そこから8キロほど行くと、トイレも整備された駐車場に着く。

　10分ほど滝見道を歩くと青森県下一と言われる落差85メートルを誇る美しい滝が見えてくる。水流は少なめだが深い原始林に覆われ、清冽な水を末広がりに落とす姿は実に優美で、滝の姿が観音菩薩が合掌しているように見えることから、古くより信仰の対象となっている。

　上流には他にも2つの滝を見ることができるが、高低差に加えて、整備されていない箇所も多いので注意が必要となる。

53.0 × 45.5　2008

◉問い合わせ先　鰺ケ沢町役場観光商工班　0173（72）2111

松見（まつみ）の滝（たき）

落下型　段瀑
落差　90メートル

青森県十和田市奥入瀬字黄瀬国有林内　奥入瀬川支流の黄瀬川

奥入瀬川の支流黄瀬川上流にあり、合流点から6・5キロほどの国有林内にかかる大瀑。国道102号線から徒歩で3時間ほどかかり、滝まで道程が長いので余裕をもった準備が必要で、冬季は積雪量が多いため近づくことは難しい。

上下2段に分かれ、V字形になった谷を流れる優美さと豪快さが対象的で独特の美しさを醸し出している。滝名の由来は、両岸に自生する松が滝を眺めているように感じられるところから命名されたという。

53.0 × 45.5　2008

◉問い合わせ先　十和田湖町役場　0176（72）2311

不動の滝

落下型　直瀑
落差　15メートル

岩手県八幡平市高畑　桜松神社　不動川上流

国道282号線から南東（案内看板あり）へ4キロほど進んだところに桜松神社がある。滝はこの神社の奥にあり、神聖な空気感の中、高さ15メートルの滝が飛沫を上げて垂直に流れるさまは圧巻で、新緑時期とのコントラストはキャンバスに描かれた絵画を鑑賞しているかのようである。

瀬織津姫を祀る桜松神社は、その昔、松の木に桜が咲いたのを見て村人は驚き、吉兆として崇めたという言い伝えから、桜松神社と呼ばれるようになった。

この神社は奥州三十三観音の参拝道に位置していることもあり、多くの信者が訪れ、また古くから修験者の道場でもあったことから、1934年に滝の左側に石彫の不動明王像が安置された。

53.0 × 45.5　2008

●問い合わせ先　八幡平市観光協会　0195（78）3500

秋保大滝（あきうおおたき）

落下型　直瀑
落差　55メートル

宮城県仙台市太白区秋保町馬場字大滝　名取川上流

蔵王国定公園と県立自然公園二口渓谷に流れる名取川上流にかかる豪瀑。日光の華厳の滝、和歌山の那智の滝と並んで、「日本三大瀑布」あるいは「日本三名瀑」との一説もある。

55メートル上から轟音とともに流れ落ちる迫力ある水流と周辺の絶景は文句なく心が癒される。また、上部にある滝見台からは違った角度からの滝を楽しむことができるが、有名観光スポットであるため多くの観光客との遭遇を覚悟する必要がある。

53.0 × 45.5　2008

◉問い合わせ先　秋保温郷観光案内所　022（398）2323

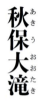

三階の滝（さんかいのたき）

落下型　段瀑
落差　１８１メートル

宮城県苅田郡蔵王町　澄川

後烏帽子岳東面を流れる石小沢から澄川に１８１メートルの高さからブナやカツラ等の雑木林の中を３段になって流れ落ちる東北屈指の名瀑。この三階の滝（三階滝ともいう）は蔵王山近くにあり、紅葉の名所としても有名。その眺望はまさに息をのむ美しさで多くの観光客を魅了している。また、澄川の対岸の蔵王エコーライン沿いにある滝見台（展望台）では、この三階の滝以外に不動滝、地蔵滝の３つの滝を望むことができる。

53.0 × 45.5　2008

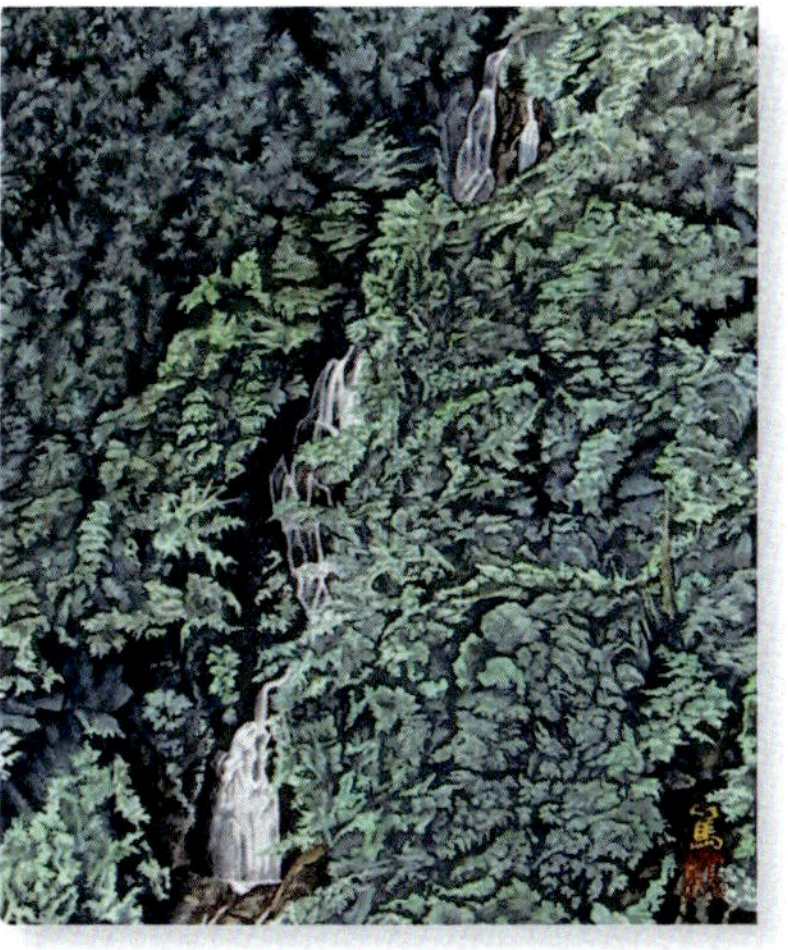

53.0 × 45.5　2008

●問い合わせ先　蔵王町農林観光課　0224（33）2215

七滝（ななたき）

落下型　段漠
落差　60メートル

秋田県鹿角郡小坂町上向字藤原　米代川上流荒川川

十和田湖外輪山付近七滝沢を通って小坂川の上流荒川川に合流する地点にある。

その名の通り60メートルの高さから7段になって流れ落ちる滝は周辺の風景に溶け込んで優雅な雰囲気を醸し出している。周りは公園として整備され、滝壺まで遊歩道と橋がかかっているので気軽に滝を楽しむことができる。また、ふもとには竜神を祀る七滝神社や、滝を背景にした水車小屋があり、一段と風情が感じられる。

秋田県道2号大館十和田湖線上の道の駅「こさか七滝」地内にある滝の茶屋では、美しい滝を眺めながら食事を楽しむことができる。

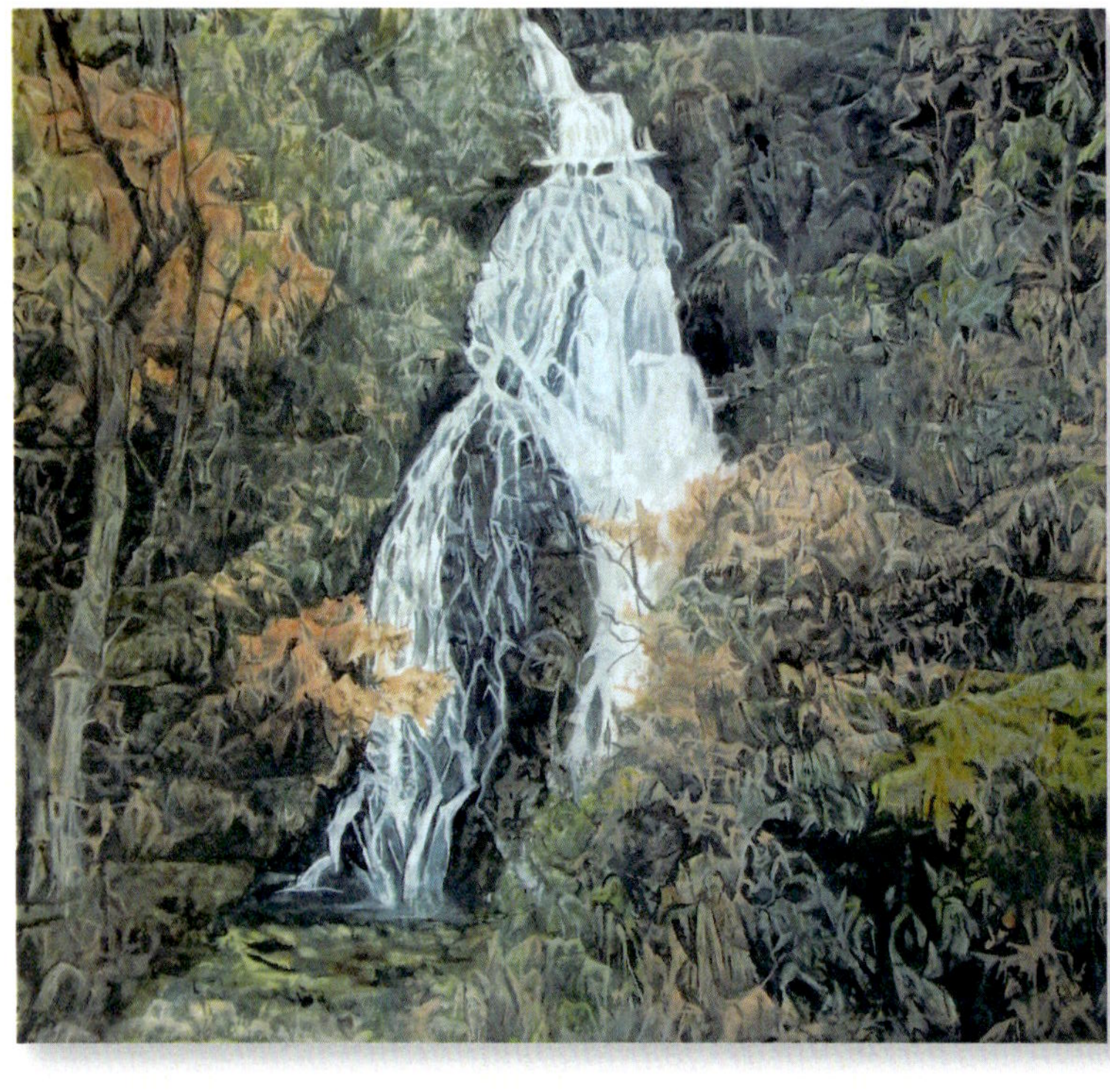

53.0 × 45.5　2023

◉問い合わせ先　道の駅　こさか七滝「孫左衛門」 0186（29）3777

茶釜(ちゃがま)の滝(たき)

落下型　段漠
落差　100メートル

秋田県鹿角市八幡平地区熊沢外国有林内　夜明島川上流

夜明島渓谷最上流部にかかる滝で、奈良県の「双門の滝」、愛媛県の「御来光の滝」と並んで滝までのアプローチが難しく、100選滝中三大難滝の一つといわれている。

ルートには、滝を越えたり沢を横切るなど、危険を伴う沢ルートと、高低差があり、体力的にはかなりきついものの比較的安全な山ルートの二つがある。

危険度の少ない山ルートを選ぶと、滝壺からの眺めが、雲の切れ目から水が流れ落ちてくるような「雲上の滝」に出会える。そこから400メートルほど下ったところに、滝壺が茶釜のような形をした二段で水量豊富な「茶釜の滝」に到着する。（片道5キロ。2時間の行程）

また、この夜明島渓谷には多くの滝があり、沢ルートを選べば「泊滝」、「夫婦滝」など展望することができる。

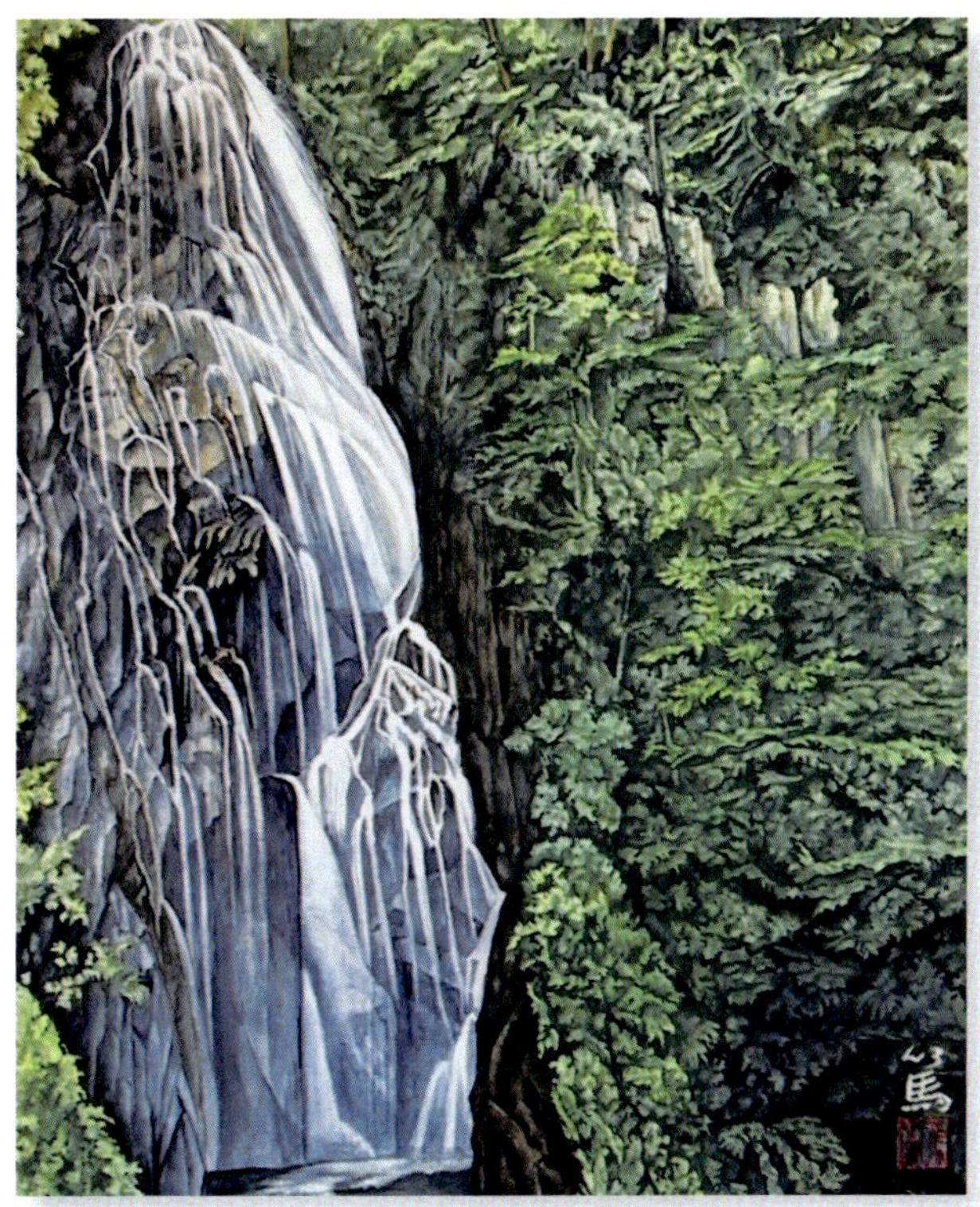

53.0 × 45.5　2008

◉問い合わせ先　十和田八幡平観光物産協会　0186（23）2019

法体（ほったい）の滝（たき）

落下型　段漠
落差　57・4メートル

秋田県由利本荘市鳥海町百宅　子吉川支流の赤沢川

滝名の由来は、法体（剃髪して法衣を着た僧侶の姿）の空海が地元の村を訪れた折に滝前に不動明王が現れた。空海がその滝に向かって拝礼したことから、その後、法体の滝と呼ばれるようになった。

日本百名山の一つ霊峰鳥海山の東麓、子吉川の源流部にあり流長100メートル、落差57・4メートルの一の滝、二の滝、三の滝の三段からなり、三段目が落差42メートルと最も大きく、滝壺に向け末広がりに流れ落ちる様は荘厳そのもの。鳥海山にその源を発しているにもかかわらず、山頂に面して落ちる珍しい滝としても知られている。

また、滝壺等に大小無数の甌穴（急流の川床の岩石面に生じた鍋状の穴）群は秋田県天然記念物第1号に指定されている。

53.0 × 45.5　2008

●問い合わせ先　由利本荘市観光協会　0184（24）6349

安(やす)の滝(たき)

落下型　分岐瀑
落差　90メートル

秋田県北秋田市阿仁　打当川上流の中ノ又沢

名称の由来は悲恋伝説からきている。江戸中期享保の頃、「やす」という娘が金山で働く「久太郎」という若者と恋に落ちた。しかし金山では男女の仲は御法度であり、二人が隠れて逢瀬を重ねていたことを仲間たちが騒ぎ立てた。

久太郎は仲間の一人に「後で迎えに来ると〝やす〟に伝えてくれ」と言い残して故郷へ帰ってしまった。しかし、その仲間は制裁を恐れて〝やす〟には伝えず「〝久太郎〟は法度を犯した罪で捕まった、諦めた方が良い」と話したのだった。

話を聞いた〝やす〟は悲しみに暮れて滝から身を投げてしまった。以来、この滝を「やすの滝」と呼ぶようになった。

滝は、2段に分かれ、上段が落差約60メートル、下段が落差約30メートルあり、晴れた日の午後には虹がかかることがある。

53.0 × 45.5　2008

◉問い合わせ先　北秋田市観光案内所　0186（62）1851

滑川大滝（なめかわおおたき）

落下型　分岐瀑
落差　80メートル

山形県米沢市大字大沢　阿武隈川支流の松川上流

標高860メートル付近の阿武隈川支流、松川上流の大滝沢にかかる東北地方でも最大級の滝。滑川温泉の駐車場から尾根を一つ登って滝の全容が見える場所までは徒歩で約30分ほどかかるが、2015年現在、途中にかかる吊橋が老朽化したため観瀑はかなり困難になってしまった。

巨大でゆるやかな傾斜の岩盤を幾条もの水流が滑るように落ちて途中に突き出した岩で砕けていく。扇を開いたように末広がりに広がりながら落下していく様は実に優美で女性的な優しさを感じさせる。

45.5 × 53.0　2008

◉問い合わせ先　米沢市産業部観光課　0238（22）5111

白糸の滝（しらいとのたき）

落下型　段瀑
落差　１２３メートル

山形県最上郡戸沢村古口　最上川

　最上川沿いに急斜面を形成する最上峡には、最上四十八滝と呼ばれている滝群が点在する。その中にあって西端にある「白糸の滝」は、落差１２３メートルを誇る最大の滝で、落ちる水流が白糸ように見えることから命名された。

　国道47号線沿いにある〝白糸の滝ドライブイン〟や、〝舟下りの船着き場〟から対岸に眺めることができ、滝水の白さや、滝を取り囲む木々の緑と滝の下にある朱色の鳥居とのコントラストが鮮やかに目に飛び込んでくる。

　〝奥の細道〟で松尾芭蕉は、「白糸の滝は青葉の隙々に落ちて、仙人堂、岸に臨みて立つ。水みなぎって舟危うし。」と紹介し、他にも、源重之の〝夫木抄〟、源義経の北の方の〝義経記〟での和歌で詠まれるなど、古くから文学作品にも登場している滝である。

53.0 × 45.5　2008

53.0 × 45.5　2023

●問い合わせ先　白糸の滝ドライブイン　0233（57）2110

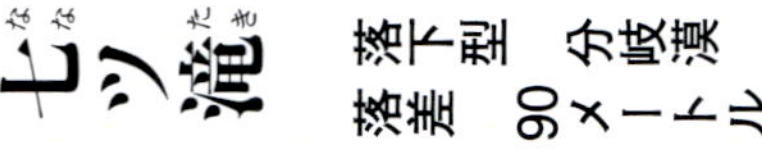

七ツ滝（ななたき）

落下型　分岐瀑
落差　90メートル

山形県鶴岡市大字田麦俣字七ツ滝　梵字川支流の田麦川

田麦川にある月山ダムの少し上流に位置する。この滝のある周辺は山岳信仰の聖地といわれ、滝そのものが七ツ滝神社と呼ばれて古くから住民の信仰の場となっている。

滝名は頂上より七筋に流れ落ちていることに由来しているが、上段で幾筋にも分かれた流れが下段では一本の流れとなって一気に滝壺に落ちている。磐梯朝日国立公園内にあり新緑と紅葉の名所としても人気を博し、近くの七ツ滝公園からは滝の全景を見通すことができる。

七ツ滝下流500メートル付近にある多層民家の里「田麦俣集落」は、出羽三山への参詣道〝六十里越街道〟沿いにあって、かつては重要な中継地として多くの旅人の旅籠として賑わいをみせた。

53.0 × 45.5　2008

●問い合わせ先　鶴岡市朝日庁舎産業建設課　0235（53）2120

乙字ケ滝（おつじがたき）

落下型　渓流瀑
落差　6メートル

福島県須賀川市玉川村　阿武隈川

須賀川市と玉川村を流れる阿武隈川にかかる滝で、周辺の阿武隈川が「乙」の字に大きく屈曲し、それに沿って水流が6メートルの高さから流れ落ちていることからこの名前がついた。水かさが増すと100メートルの川幅いっぱいに落下し、その迫力に圧倒されることから「小ナイアガラの滝」とも呼ばれている。

滝の近くには、元禄2年に松尾芭蕉がこの滝を訪れた際に詠んだとされる「五月雨の滝降りうづむ水かさ哉」の句碑や、滝不動尊、聖徳太子石像のある公園が整備されている。

この滝下は、鱒・鮭・鮎の漁場で、江戸時代には白川藩の統治の下に村民は一定の条件で漁を許されていた。

それは、初漁の魚は殿様に献上すること、そして、初漁近くなるとチェックの為に滞在する藩士の費用を負担すること、但し、この負担は、他の賦役は免除するというものだった。

45.5 × 53.0　2009

◉問い合わせ先　玉川村役場企画産業課　0247（57）4629

三条の滝（さんじょうのたき）

落下型　段瀑
落差　100メートル

福島県南会津郡檜枝岐村字燧ヶ岳　阿賀野川支流の只見川源流

尾瀬の水を集めた只見川本流の豊富な水量で100メートルの高さから一気に落下している豪快な滝。

これが三条の滝のイメージだが、名前の由来は、水量が減って三筋に分かれ落下する状態を捉えて命名されている。

滝までのルートは、野岩鉄道会津高原尾瀬口駅より沼山峠行きバスで2時間、御池バス停下車、バス停より燧裏林道を徒歩3時間の代表的コースの他、小沢平から只見川を遡るコース。鳩待峠から尾瀬ヶ原を経由。大清水から三平峠を越え尾瀬沼を経由するコース等色々あるが、いずれも長丁場であり、危険個所もあるので要注意。

近年、旧展望台の下に、かなり近くまで寄れる新展望台が作られたので障害物がなく滝の全容が見えるようになった。

少し上には、滝というよりは400メートルにわたって流れる渓流といった趣の「平滑の滝」を見ることができる。

53.0 × 45.5　2009

●問い合わせ先　尾瀬檜枝岐温泉観光協会　0241（75）2432

銚子ケ滝（ちょうしたき）

落下型　段漠
落差　48メートル

福島県郡山市熱海町石筵　阿武隈川支流の石筵川

阿多々良山の麓を流れる石筵川にかかる滝で、滝の形が酒を入れる銚子に似ていることから命名された。

この滝には悲しい伝説が残っている。昔、ひどい干ばつで村人は苦しんでいた。この滝に住んでいる竜神に娘を人身御供にだすと竜神が雨を降らすという言い伝えがあり、名主の娘が自ら滝壺に身を投げて村を救ったという話。

母成グリーンライン磐梯熱海方面から入って2キロぐらいのところに駐車場があり、その向かいが滝方面の入り口で、そこから徒歩で40分ほど。また、母成グリーンラインに入る手前に「郡山石筵ふれあい牧場」があり、そこから道なりに進んで行くルートがあるが、こちらからの方が歩く距離は少ないようだ。

53.0 × 45.5　2009

◉問い合わせ先　郡山市観光協会　024（924）2621

関東

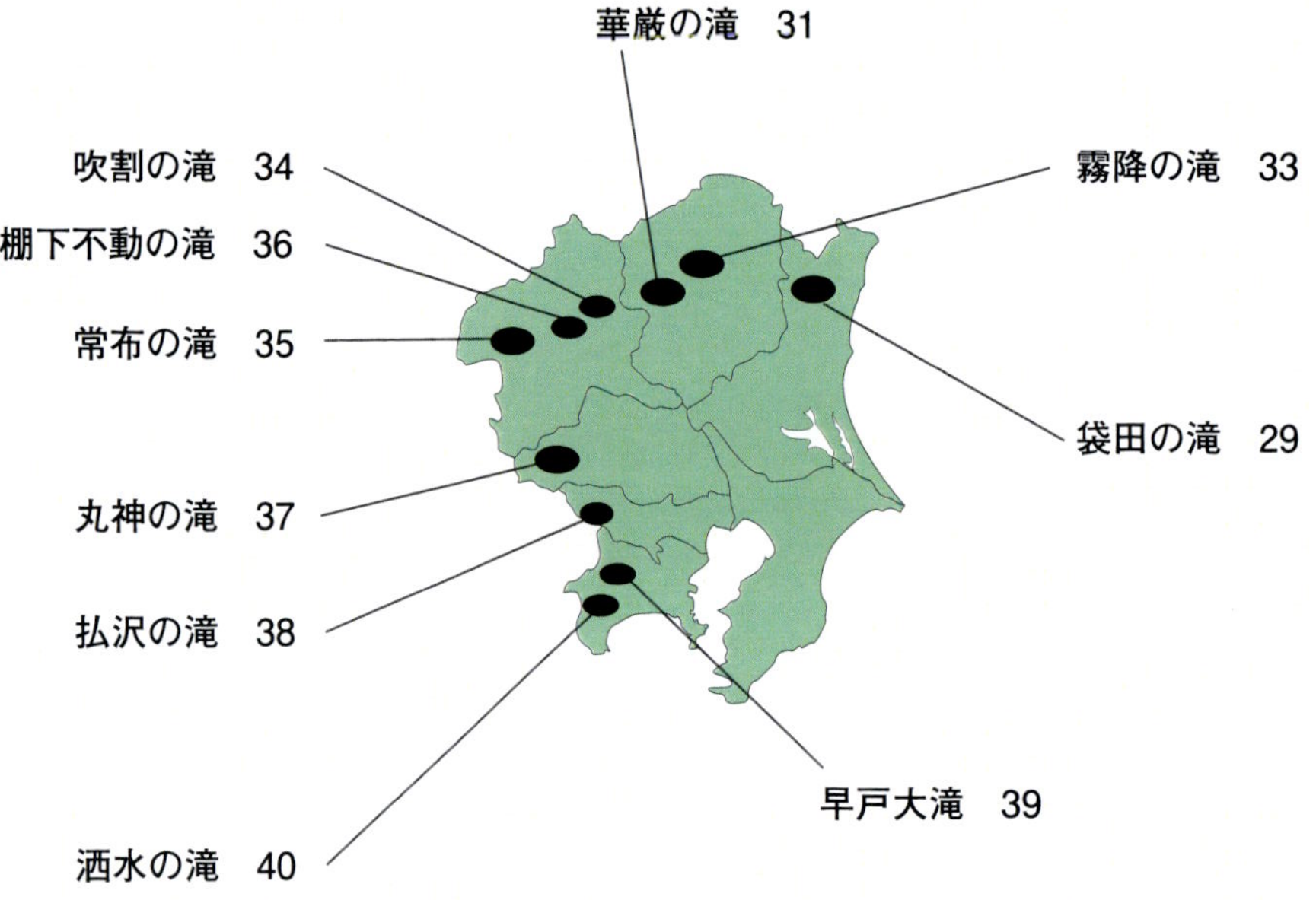
華厳の滝　31
吹割の滝　34
霧降の滝　33
棚下不動の滝　36
常布の滝　35
袋田の滝　29
丸神の滝　37
払沢の滝　38
早戸大滝　39
洒水の滝　40

袋田の滝（ふくろだのたき）

落下型　段瀑
落差　１２０メートル

茨城県久慈郡大子町袋田　久慈川支流の滝川上流

別名「四度の滝」と呼ばれているが、これには二つの説があり、一つは、滝の流れが大きな岩肌を四段に落下する様から、もう一つは、その昔、この地を訪れた西行法師が「この滝は四季に一度ずつ来てみなければ真の風趣は味わえない」と絶賛したことからくる説である。

１２０メートルにわたって流れ落ちる水流は、白糸のように滑らかに、時には烈しく岩肌にぶつかり砕け散る。また、四季の変化により様々な表情がプラスされる。冬には滝が凍結し「氷瀑」現象が発生することもある。

正面からの滝の全景を観賞するには「袋田の滝観瀑トンネル」を通って第１・第２観瀑台へ行く必要があり、有料。

華厳の滝、那智の滝とともに〝三大名瀑〟の一つに挙げられているが、宮城県にある〝秋保大滝〟も同じように〝三大名瀑〟として紹介されているのでどちらが正しいのかは定かでない。

53.0 × 45.5　2009

●問い合わせ先　大子町観光協会　0295（72）0285

35.5 × 76.5　2009

華厳（けごん）の滝（たき）

落下型　直瀑
落差　97メートル

栃木県日光市　利根川支流の大谷川

日本を代表する名瀑の一つ。二荒山を開山した勝道上人によって発見されたと伝えられ、仏教の経文の一つ華厳経から名付けられたという。

男体山の噴火により堰き止められた中禅寺湖からの唯一の流出口である大谷川にかかる滝で、97メートルの高さから一気に流れ落ちる迫力ある様はまさに壮観そのもの。ちなみに、滝から一気に落ちる水量は平均3トン（毎秒）といわれており、多い時には100トン、少ないときには0・3トン以下になることもある。この水量はコントロールできるようになっており、電力需要や防災等により調整されている。

滝付近の大谷川北岸には有料の華厳の滝エレベーターが設置されており、滝壺を正面間近に見ることができる。

駐車場がある渓谷北岸から見下ろすこともできるが、第二いろは坂の中腹にある明智平の展望台は、中禅寺湖や男体山を共に一望できる必見の場所。

76.5 × 54.5　2009

●問い合わせ先　日光市観光協会　0288（22）1525
華厳滝エレベーター営業所　0288（55）0030

53.0 × 45.5　2009

霧降の滝

落下型　段漠
落差　75メートル

栃木県日光市所野　板穴川の支流霧降川

華厳の滝、裏見滝と共に日光三名瀑の一つで、水流が途中で岩壁にあたり飛び散る水しぶきが霧がかかったように見えることからこの名がついたとされる。

上下2段に分かれ、上滝は25メートル、下滝は26メートル全長は75メートルあり、頂部の幅は3メートルほどだが下部では15メートルほどにひろがっている。設置されている観瀑台から滝壺までは往復で40分程度だが、一時通行止めになっていたので確認が必要。

姿の美しさ随一といわれ、四季を通して観光客で賑わっており、「富岳三十六景」を描いたあの葛飾北斎もこの滝を訪れ、迫力ある霧降の滝を描き残している。

53.0 × 45.5　2009

●問い合わせ先　日光市日光観光課　0288（53）3795

吹割（ふきわれ）の滝（たき）

落下型　渓流瀑
落差　7メートル

群馬県沼田市利根町　利根川支流の片品川

奇岩が1・5キロにわたって続く片品渓谷にかかる滝で、高さ7メートル、幅30メートルで、川底にある断層の亀裂が浸食活動により陥没したような段差となって独特なかたちとなった。その段差に落下した流れが再び吹き上がるように見えることからこの名がつけられた。

川床を歩いて落ち口のすぐそばまで行けるので、その迫力を間近に感じることができる。1936年に天然記念物および名勝に指定され、シーズンには多くの観光客であふれる。

この滝には、滝壺が龍宮に通じているという言い伝えがあり、村で祝儀がある度に滝壺にお願いの手紙を投げ入れて龍宮からお椀やお膳を借りていた。ところがある時、一組だけ返し忘れてしまったため、それ以来二度と貸してもらえなくなったという「龍宮の椀」伝説が残っている。

45.5 × 53.0　2009

45.5 × 53.0　2023

●問い合わせ先　利根町役場利根支所観光係　0278（56）2111

常布の滝（じょうふのたき）

落下型　直瀑
落差　40メートル

群馬県吾妻郡草津町　白砂川支流

白根山麓の大沢川渓谷にある秘境の滝。数年前までは案内人なしでは近くでの観瀑は無理といわれた滝だった。現在でも崩落した崖付近も安全とはいえず自己責任の入山となっている。滝に向かい登り始めて15分ほどで展望台に到着する。ここからは700メートル先の「常布の滝」を遠望することになるが、滝の特徴でもある岸壁の幻想的な模様はここでは確認するのが難しい。

展望台から300メートルほど登ると滝への分岐点に着く、そこから急坂を下り、笹薮を突破し、岩場を登り、崩落場所を横切るなどして1時間20分ほどで滝前に到着する。

水は大量の鉄分、硫黄を含みその影響からか岩肌が黒く変色しており、一種不気味な印象を受ける。

53.0 × 45.5　2009

●問い合わせ先　愛町部観光課　0279（88）7188

棚下不動の滝（たなしたふどうのたき）

落下型　直瀑
落差　37メートル

群馬県渋川市赤城町棚下　利根川

赤城山の西斜面が利根川に切れ落ちている場所に位置する赤城町棚下。ここに「雄滝」と「雌滝」があり、この二つの滝を総称して「棚下不動の滝」と呼んでいる。

駐車場から徒歩で約10分程度。200段ほどの急な石段を登りつめると「雄滝」に出会えるが、この滝は滝裏の通行が可能な、いわゆる〝裏見の滝〟で、大きくえぐられた崖下には不動院奥院があり、不動明王が祀られている。しかし、現在は、2011年3月11日に発生した〝東日本大震災〟により、本堂から奥院に通じる参道の側面が大崩落して通行止めになり、滝の近くまで行くことができない。

「雌滝」は「雄滝」の北側に位置する落差40メートルの滝だが、年間を通して水量は少なく、近くまで行くルートも整備されていない。駐車場から「雄滝」に至る坂道から遠景を望むことになる。

53.0 × 45.5　2009　雄滝

45.5 × 53.0　2009　雌滝

●問い合わせ先　渋川市役所商工観光部観光課　0279（22）2111

丸神の滝（まるがみのたき）

落下型　段瀑
落差　76メートル

埼玉県秩父郡小鹿野町両神小森　小森川支流

奥秩父の小森川支流の丸神沢にかかる滝。水量は少なめだが帯状の流れが3段になって白糸を垂らしたように岩肌を滑り落ちていく様は、周囲の景観に絶妙に溶け込み繊細で優美さを感じる。この滝の存在を知る人は少なく、観望者も多くないため、手付かずの自然が残っているのも魅力の一つといえる。

〝丸神の滝入り口〟バス停から橋を渡って急な坂道を登って行くと、15分ほどで滝が下に展望できる東屋につく。ここからは最上段は見えないので、下るとすぐに12メートルの高さの上段が見えてくる。さらに急な下りを降りて行くと滝の真下に行くことができる。

53.0 × 45.5　2023

●問い合わせ先　小鹿野町観光協会　0497（79）1100

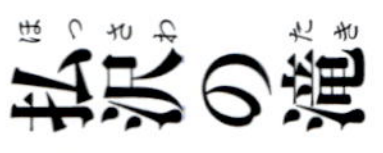

払沢（ほっさわ）の滝（たき）

落下型　段瀑
落差　60メートル

東京都西多摩郡檜原村　多摩川支流北秋川

　檜原村には大小50を超える滝があり、その中でただ一つ、百選に選ばれたのがこの「払沢の滝」で、東京都内随一の滝。北秋川のセト沢にかかる4段の滝で、全段の高さは60メートルだが、実際に目に見えるのは一番下の段の26メートル部分で、滝が僧侶の払子をたらした様子に似ていることから〝払子の滝〟とも呼ばれていた。

　〝滝入り口〟から徒歩で15分程。歩道が整備されゆっくりと滝まで森林の中を散策できる。檜原村では最大の観光名所でもあることから、8月中旬には滝がライトアップされて〝滝祭り〟が、冬季には滝が氷結することから、最大氷結する日にちを当てる〝氷瀑クイズ〟などが行われている。ただ、近年は全面凍結する年が少なく、2006年1月8日に全面凍結した以降、その後はしていないらしい。

53.0 × 45.5　2009

●問い合わせ先　檜原村観光協会　042（598）0069

早戸大滝（はやとおおたき）

落下型　段漠
落差　50メートル

神奈川県相模原市緑区鳥屋　相模川支流の大滝沢

丹沢大山国定公園内、早戸川の大滝沢にかかる滝。落差は50メートルで2段（上段40メートル、下段10メートル）になっているが、上段の中間あたりに大きな岩が突き出して全容を望むことができないため、「幻の大滝」とも呼ばれている。

早戸川の源流近くにあり、簡単に行ける場所ではなく訪れる人も少ない。早戸川林道終点の少し手前にある本間橋から早戸川沿いに登り下りして約3時間半の行程になる。（行程は難路の登山道に分類されているのでその準備が必要）

かつては、本間橋にあった〝丹沢観光センター〟まで車で行けたが、このセンターが閉鎖されたことと「早戸川国際マス釣り場」にゲートができ、このゲートが閉じていることがあり、この場合は、本間橋まで徒歩で片道1時間ほどかかる。

53.0 × 45.5　2009

◉問い合わせ先　相模原市観光協会　042（771）3767

洒水の滝（しゃすいのたき）

落下型　段漠
落差　69メートル

神奈川県足柄上郡山北町平山地内　酒匂川支流の滝沢川

「洒水」とは密教用語で清浄を念じてそそぐ香水を指すといわれる。南関東屈指の大漠で、3つの滝からなり、1の滝が69メートル、2の滝が16メートル、3の滝は29メートルの豪快な滝。通常1の滝が「洒水の滝」と呼ばれている。古くから相模の国第一の滝とされ〝新編相模国風土記稿〟では、「蛇水の滝」と記されており、また、鎌倉時代の真言宗の名僧文覚が100日間、この滝に打たれ荒行を積んだ地としても知られ、付近には文覚が安置したとされる滝不動尊（穴不動）がある。

毎年7月第4日曜日に行われる〝洒水の滝祭り〟では、境内での〝火祭り〟、〝洒水太鼓〟の演奏が行われる。国道246号から神奈川県道726号線、滝沢川沿いに遊歩道が設けられ、新観覧台があり全景がみられる。赤い橋からは立ち入り禁止。

45.5 × 53.0　2023

◉問い合わせ先　山北町観光協会　0465（75）2717

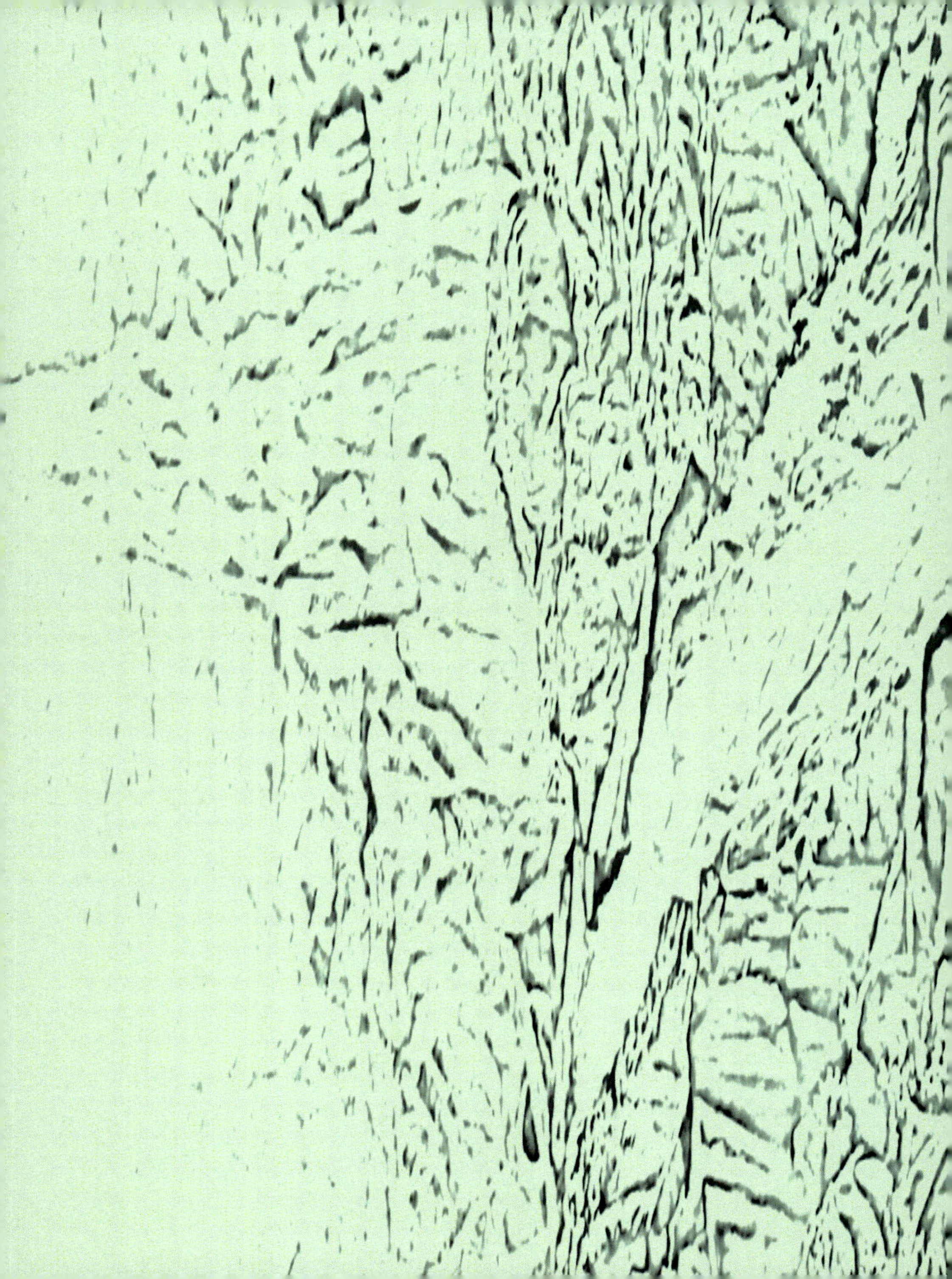

中部

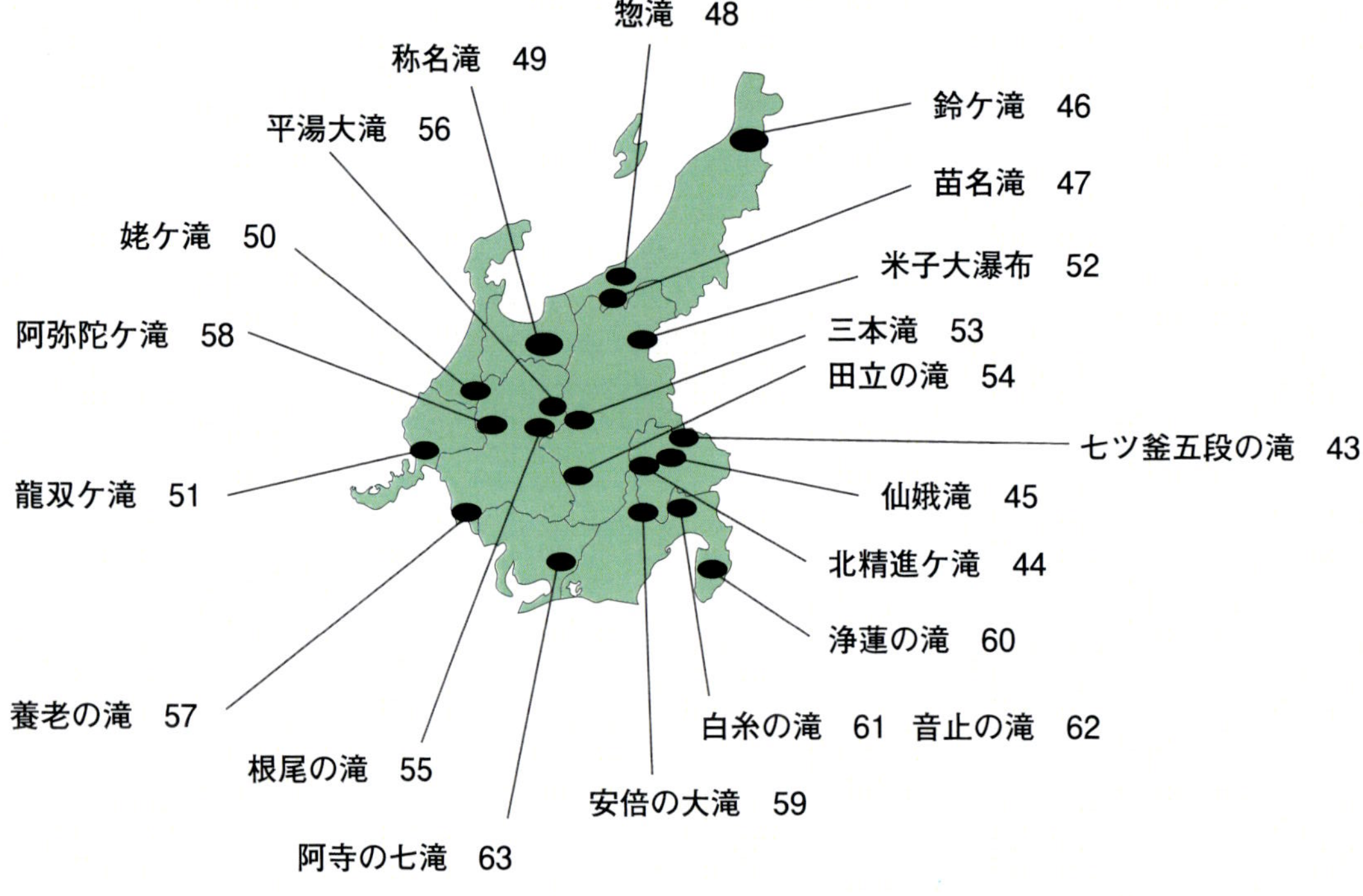

惣滝　48
称名滝　49
鈴ケ滝　46
平湯大滝　56
苗名滝　47
姥ケ滝　50
米子大瀑布　52
阿弥陀ケ滝　58
三本滝　53
田立の滝　54
七ツ釜五段の滝　43
龍双ケ滝　51
仙娥滝　45
北精進ケ滝　44
浄蓮の滝　60
養老の滝　57
白糸の滝　61　音止の滝　62
根尾の滝　55
安倍の大滝　59
阿寺の七滝　63

七ツ釜五段の滝（ななつがまごだんのたき）

落下型　段瀑
落差　35メートル

山梨県山梨市三富上釜口　西沢渓谷

日本三大急流の一つ富士川の支流、笛吹川の源流西沢渓谷にかかる滝。

この西沢渓谷は遊歩道も整備され、全行程10キロほどの中に八滝を見ることができる。落差30メートルの〝大久保の滝〟、青く澄み3段になって滑るように落下する〝三重の滝〟、エメラルドグリーンの大きな滝壺が印象的な〝魚止滝〟、竜神が住むという伝説が残っている〝竜神の滝〟、水量の少ない〝恋糸の滝〟、深みのある水流が魅力的な〝貞泉の滝〟そして、清流が長い年月をかけて巨大な花崗岩を侵食し創りあげた五つの滝と、七つの滝壺からなる「七ツ釜五段の滝」（落差は上から3、4、2、9、10メートル）さらにこの滝の上を登ると高さ6メートルほどの〝不動滝〟を見ることができる。

53.0 × 45.5　2010

●問い合わせ先　山梨市役所観光課　0553（22）1111

北精進ヶ滝（きたしょうじんたき）

落下型　段漠
落差　121メートル

山梨県北杜市武川町黒澤　富士川支流の石空川

鳳凰三山の一つ地蔵ヶ岳を源流として流れる石空川（いしうとろがわ）渓谷上流にかかる滝。標高1400メートル付近から数段にわたって落下している。落差121メートルは東日本最大で、直下には〝九段の滝〟、さらに下流にも〝一の滝〟、〝二の滝〟、〝三の滝〟と複数の滝が続いている。遊歩道が整備され終点の観漠台からは、〝北精進ヶ滝〟と〝九段の滝〟の二つを見ることができる。

その昔、行者が神仏に祈願するためにこの滝で身体のけがれを洗い流したことからその名がついたとされるが、滝の右岸が花崗岩の大岩壁があることから、〝精進〟は〝障子〟に通じ、大岩壁を表している意味もあるという。

駐車場から約40分ほどで行ける距離であることから、四季を通じて人気のある滝である。

53.0 × 45.5　2010

●問い合わせ先　北杜市役所観光課　0551（42）1351
北杜市観光協会　0551（30）7866

仙娥滝（せんがたき）

落下型　段瀑
落差　30メートル

山梨県甲府市猪狩町　富士川支流の荒川上流

山梨県が誇る景勝地の一つである〝昇仙峡〟の上流部にかかる名瀑。滝名の〝仙娥〟とは中国神話に出てくる月に行った女性嫦娥を意味し、ひいては月を指している言葉である。

地殻変動による断層から生じたこの滝は、奇岩、怪石の宝庫とも呼ばれ、巨大な花崗岩盤の割れ目から30メートルの下に一気に落下する様は豪快さと優美さを堪能することができる。

休日ともなると大型の観光バスなどが多く、非常に混雑するため、滝を楽しみたい方は滝よりも上流にある駐車場をお奨めする。一番滝に近いので、下流にある昇仙峡を巡るための駐車場よりは楽である。

53.0 × 45.5　2010

◉問い合わせ先　昇仙峡観光協会　055（287）2555

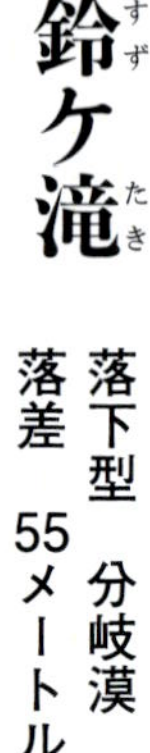

鈴ケ滝（すずがたき）

落下型　分岐瀑
落差　55メートル

新潟県村上市高根　三面川支流の鈴谷川

新潟県下越、山形県との県境付近で朝日連峰の西側（残念ながら磐梯朝日国立公園内には入っていない）にある滝。新潟市高根集落より8キロメートル、原始林が生い茂る遊歩道を渓谷沿いに進んでつり橋を渡り、さらに10分ほど歩くと、雄大な轟音とともに岩肌の美しい大きな岩壁を、豪快に流れ落ちる落差55メートルの「鈴ヶ滝」が姿をあらわす。

この滝は、滝壺まで下りることができ飛沫を浴びることも可能で、広場から少し遡り滝の上流からも見ることができる。

また、途中には〝滝の貴婦人〟とも称される落差38メートルの〝小滝〟があり、新緑、紅葉など、四季折々の景観が楽しめる。

その昔、源義経公が奥州に向かう途中に馬をとめて観賞したという伝説がのこっている。

45.5 × 53.0　2010

●問い合わせ先　村上市役所朝日支所産業建設課　0254（72）6883
村上市観光協会　0254（53）2258

苗名滝（なえなたき）

落下型　直漠
落差　55メートル

新潟県妙高市杉野沢　関川上流

長野県との県境に位置し、苗江滝、南井滝、地震滝とも呼ばれている。

柱状節理の玄武岩壁から水しぶきをあげて一気に55メートル下に落ち込む様は豪快そのもの。とくに雪解け水が流れ込む春には水量も増して一層その迫力がプラスされる。

名前の由来は、轟音を響かせながら落ちる滝が、〝地震＝なゐ〟のようであるとされて、それが口語体に転化し〝ないの滝〟から〝なえな滝〟となり「苗名滝」と名付けられたが、下流に広がる高田平野の水田に水が供給されていることから〝苗名〟となったともいわれている。

滝への遊歩道も整備されていて15分ほどで到達でき、森林セラピーロードに指定された〝妙高高原自然歩道〟の一方の出発点ともなっている。

45.5 × 53.0　2010

●問い合わせ先　妙高高原観光案内所　0255（86）3911

惣滝（そうたき）

落下型　直瀑
落差　80メートル

新潟県妙高市（燕温泉）地先　関川支流の太田切川上流大倉沢

名湯〝燕温泉〟の奥地、妙高山から流れ出る太田切川源流部大倉沢にかかる滝。燕温泉から河原に作られた露天風呂と妙仙橋を越えて徒歩で30分ほどのところにあり、滝の付近は燕温泉の源泉でもあることから、歩道を歩いて行くと周辺から温泉臭が漂ってくる。

滝は高さ80メートルの直瀑で、断崖の上部から勢いよく流れる姿は、威風堂々とした風貌を感じる。茶色の切り立った岩肌と滝を取り囲む周辺の緑との景観は見ごたえ十分。滝下まで行くことができ、滝の前には惣滝不動明王が祀られており、現在でも行者の姿を見ることができる。

滝100選の一つ「苗名滝」へは直線距離で5キロほどしか離れていないので、二つあわせて観瀑する人も多い。

53.0 × 45.5　2010

◉問い合わせ先　妙高観光局　0255（86）3911

称名滝（しょうみょうたき）

落下型　段瀑
落差　350メートル

富山県中新川郡立山町　常願寺川支流の称名川

立山連峰を源流に四段にわたって落下する落差日本一を誇る大瀑布。一段目70メートル、二段目58、三段目96、四段目126で、合計350メートルある。国指定の名勝及び特別記念物。

名称の由来は、法然上人が滝の音を「南無阿弥陀仏」という称名念仏の声に聞こえたということから由来している。

水量は毎秒0・5〜2トンで、豊水期には100トンに達するといわれ、その時期には、右側に〝ハンノキ滝〟が現れ、さらに水量が増すと。〝ハンノキ滝〟の右側に〝ソウメン滝〟も現れて、三つの滝が並ぶ光景に遭遇することができる。

〝ハンノキ滝〟の落差は497メートルあり、称名滝より高いが、いつも存在しない滝であるため、日本一の落差のある滝として認められていないらしい。

53.0 × 45.5　2010

●問い合わせ先　立山町役場商工観光課　076（462）9971

姥ケ滝（うばがたき）

落下型　分岐瀑
落差　76メートル

石川県白山市吉野谷村　蛇谷支流

蛇谷と親谷の合流地点にあり、滝を見るには白山白川郷ホワイトロードの蛇谷遊園地駐車場から遊歩道を歩き、滝下まで行く方法と、スーパー林道を岐阜・白川方面に少し進んだところにある小さい駐車場で上から眺める二つの方法がある。駐車場からは10分ほど歩き、滝下の前には天然の露天風呂〝親谷の湯〟があり、この温泉に浸かって「姥ヶ滝」を眺めることができる。

流紋岩質火砕岩の上を数百条の細かい流れが幅100メートルほどに広がりながら滑るように流れ落ちている。

この姿が白髪を振り乱した老婆のように見えることからこの名がついたとされているが、〝以前は「親谷の滝」と呼ばれ滝のほとりに仙女の庵があって、そこでいつも白髪をくしでとかしている姿を見たからこの名前がついた〟と別の看板に紹介されている。

53.0 × 45.5　2010

◉問い合わせ先　石川県観光連盟　076（201）8110

龍双ケ滝（りゅうそうがたき）

落下型　分岐瀑
落差　60メートル

福井県今立郡池田町　九頭竜川水系足羽川支流の部子川

部子山麗を流れる部子川と稗田川の合流点にかかる分岐瀑で、落差60メートルの岩肌に白い布をいくつも垂らしたように滑らかに流れる様は実に優美で多くの人々を魅了している。

名前の由来は、その昔、修行僧の龍双がこの滝の付近に住み、神仏像を彫り一念行願したことから名付けられた。また、別説では、かつて「龍双ケ滝」には深い滝壺があり（現在は見られない）、そこに住む龍が時折天に向かうためこの滝を昇ったという伝説が残っている。

この滝の下流には甌穴群もあり自然の神秘に触れながら、ここでも水と木々が織りなす美景を目にすることができる。福井県道34号松ケ谷宝慶寺大野線で龍双ケ滝まで（道幅の狭い箇所が多いので要注意）。滝見台は設置されているが、ほぼ整備されていない状態。

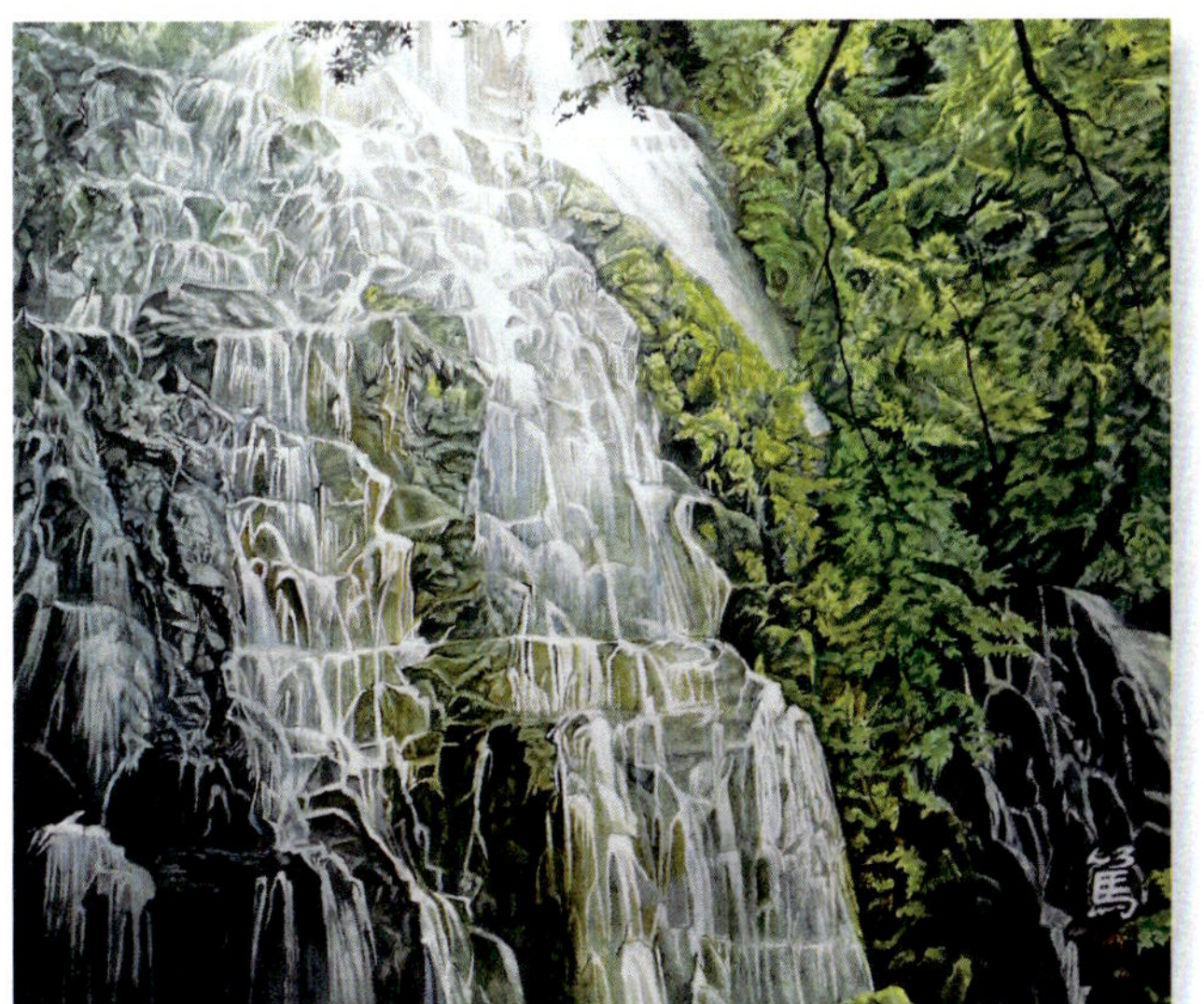

45.5 × 53.0　2010

●問い合わせ先　池田町農村政策課　0778（44）8210

米子大瀑布（よなごだいばくふ）

落下型　直瀑
落差　不動滝85メートル・権現滝75メートル

長野県須坂市米子　信濃川支流の米子川

根子岳と四阿山を源流に不動滝と権現滝の二つの滝を総称して「米子大瀑布」と呼ばれている。どちらも直瀑で「不動滝」が85メートル、「権現滝」は75メートルあり、これだけの落差がある滝が二つ並んでいるのは日本では珍しい。

この二つの滝は〝夫婦滝〟とも呼ばれ、豊富な水量の轟音とともに豪快に落下する男滝の「権現滝」。水量が少なく、柔らかな水流が帯状に広がり、霧状に舞い上がるしぶきが幻想的な女滝の「不動滝」で、最近では〝恋人滝〟とも呼ばれている。須坂市内から〝米子大瀑布無料駐車場〟まで車で約40分。周辺には一周1時間半ほどの遊歩道が整備されており、旧米子鉱山の鉱滓堆積場跡地に作られた公園からは、絶景の両滝が展望できる。

45.5 × 53.0　2010
右　権現滝
左　不動滝

53.0 × 45.5　2010
不動滝

◉問い合わせ先　須坂市観光協会　026（215）2225

三本滝（さんぼんたき）

落下型　分岐瀑・直瀑
落差　50～60メートル

長野県松本市安曇野地区　信濃川支流の小大野川

　無名沢、小大野川、黒い沢の三つの河川の合流地点直近に三本の滝がならんでいる。いずれも落差50～60メートルで、昔、修験者が修行した場所でもある。

　向かって左は、〝無名沢の滝〟水量は少なく、糸を引いたような繊細な滝で、落差およそ60メートル。中央で落下しているのは、〝本沢の滝〟（小大野川）で、勢いのある直瀑（修行場所）落差50メートル。そして、〝黒い沢の滝〟は向かって右側で、黒い岩肌を優美に滑るように三段に分かれて流れ落ちており、落差は50メートルほどである。同じ場所にありながらそれぞれに異なった趣がありおもしろい。

「三本滝バス停」より〝かもしかの小径〟を徒歩25分ほどの行程。

45.5 × 53.0　2010

◉問い合わせ先　飛騨乗鞍観光協会　0577（78）2345

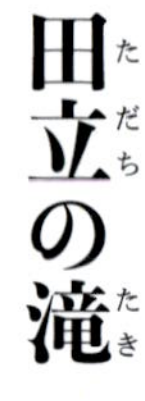

田立（ただち）の滝（たき）

落下型　分岐瀑
落差　40メートル

長野県木曽郡南木曽町　木曽川支流の大滝川

南木曽町大滝川にかかる10余りの滝を総称して「田立の滝」と呼ばれている。その中で、主瀑とされる〝天河滝〟は、大岩壁を二筋分かれて40メートル落下する滝で、晴れた日の滝上の空の青さを目にすると、まさに名前どおりの豪壮さを感じることができる。

かつて、この「天河滝」は、村人たちに神聖視されて、雨乞い神事を奉る時以外は登らなかった時期もあったという。

中央自動車道の中津川インターを降りて、国道19号線を長野方面に向かい、長野県境を越えてすぐの交差点に「田立の滝」への案内板があり、そこから30分程度で〝粒栗駐車場〟に到着する。滝まで徒歩で1時間20分ほどかかる。また、JR東海中央本線田立駅から、徒歩で約1時間45分ほど。

53.0 × 45.5　2010

●問い合わせ先　南木曽町観光協会　0264（57）2727

根尾の滝（ねおのたき）

落下型　直瀑
落差　63メートル

岐阜県下呂市小坂町落合　飛騨川水系濁河川支流の小坂川

下呂市の小坂地域は御嶽山を源に河川が多く、それに伴って滝も多くあることで知られ、落差5メートル以上の滝が210箇所確認されている。

その中でも代表的な滝が「根尾の滝」で、切り立った輝岩安山岩の大岩壁を流水が63メートルの高さから落下する姿で神秘的な美しさを醸し出している。

深い峡谷の中にあるため、薄暗く、午後にならないと滝壺には日が差さない。

国道41号線小坂町交差点から県道437号湯屋温泉線、県道441号落合飛騨小坂停車線経由で巌立峡方面へ向かい、林道で〝根尾の滝駐車場〟。ここより遊歩道で徒歩60分ほどかかる。

53.0 × 45.5　2010

◉問い合わせ先　下呂市役所観光商工部観光課　0576（24）2222

平湯大滝（ひらゆおおたき）

落下型　直瀑
落差　64メートル

岐阜県高山市奥飛騨温泉郷平湯　神通川水系高原川支流の平湯川

中部山岳国立公園乗鞍山の麓、高原川源流の平湯川にかかる飛騨を代表する滝の一つ。〝白水の滝〟、〝根尾の滝〟とともに「飛騨三名瀑」の一つにあげられている。水量が多いときは、一条の滝にまとまり水柱となって落下し、谷間に轟音が響きわたり、滝壺から水煙となって舞い上がる様はまさに圧巻の迫力である。

周囲が、〝奥飛騨平湯大滝公園〟として整備され、駐車場、足湯、体育館、等の施設が整えられ、「平湯大滝」までわずか700メートルほどの距離。

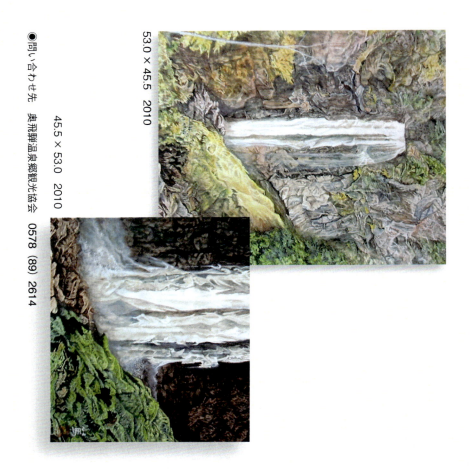

53.0 × 45.5　2010

45.5 × 53.0　2010

●問い合わせ先　奥飛騨温泉郷観光協会　0578（89）2614

養老の滝

落下型　直瀑
落差　32メートル

岐阜県養老郡養老町養老公園　揖斐川水系津屋川支流の滝谷

巨岩老樹に囲まれた養老公園の奥深くにかかる滝で、桜や紅葉の名所でもあることから訪れる人が絶えない。

とうとうと落下する水流は清冽で、昭和60年に「養老の滝、菊水泉」で環境庁から〝名水百選の指定をうけている。

この滝に伝わる〝養老孝子伝説〟はあまりにも有名である。親孝行な木こりの源丞内が山中で見つけた山吹色の水が老父の好きなお酒だった。これを飲んだ父は、みるみる内に元気になり若返った。この不思議な水の話は、奈良の都にも伝わり、ときの天正天皇は自らも飲浴してその効能に感動し、〝これは老いを養う若返りの水〟と称え、元号まで霊亀三年から養老元年に改め、この地方の人々の税を免税したという。

公園内にある駐車場からは、滝まで急な坂道を800メートルほど歩く、中間地点あたりに滝近くまでの観光リフトがあったが、老朽化のため現在は休止している。

53.0 × 45.5　2010

●問い合わせ先　岐阜県観光連盟　058（275）1480

阿弥陀ヶ滝（あみだたき）

落下型　直瀑

落差　60メートル

岐阜県郡上市白鳥町前谷　木曽川水系長良川支流の前谷川

　大日岳を源に前谷川にかかる東海一との呼び声も高い名瀑。典型的な直瀑で、60メートルの高さから一気に落下している。

　白山信仰の滝行の場所でもある。723年白山を開山した泰澄大師により発見され、〝長滝〟と名付けられたが、後に、白山中宮長滝寺の道雅法師が長滝近くの洞窟で護摩修行を行っていたところ、目の前に阿弥陀如来が現れた。このことから、その後は「阿弥陀ヶ滝」と呼ばれるようになった。

　葛飾北斎も訪れて、この滝の絵（木曽路の奥阿弥陀ヶ滝）を描いて〝諸国滝巡り〟に収録している。長良川鉄道美濃白鳥駅より、郡上市自主運行バス石徹白線で「阿弥陀ヶ滝」バス停下車、徒歩で20分程度。

53.0 × 45.5　2010

●問い合わせ先　白鳥観光協会　0575（82）5900

安倍の大滝（あべのおおたき）

落下型　直瀑
落差　80メートル

静岡県静岡市葵区　安倍川の上流

静岡市を流れて太平洋に注ぐ一級河川〝安倍川〟の最上流にある梅ヶ島温泉近くにかかる滝で、別名〝駿河大滝〟、〝乙女の滝〟とも呼ばれている。

滝入り口から吊橋を三つ渡ると「安倍の大滝」のわずかな傾斜の大岩壁を、しぶきを散らしながら一気に落下している壮観な姿を目の当たりにできる。

静岡の人に〝日本の三大瀑布は？〟と聞くと〝那智の滝、華厳の滝、安倍の大滝〟との答えが返ってくる時代があったらしい。

静岡市内から県道29号線を安倍川に沿って梅ヶ島温泉終点まで行き、豊岡梅ヶ島林道に入り、温泉の手前1キロほどのところに遊歩道の入り口がある。（安倍の大滝入口のバス停付近。看板がある。）片道徒歩で30分ほど。

53.0 × 45.5　2011

●問い合わせ先　梅ヶ島温泉観光組合　054（269）2525

浄蓮(じょうれん)の滝(たき)

落下型　直瀑
落差　25メートル

静岡県伊豆市湯ヶ島　狩野川支流の本谷川

天城山北西麓を流れる本谷川にある天城山中第一の名瀑。特徴ある柱状節理の岩盤より豊富な水量で落差25メートルで落下する様は見ごたえ十分である。

滝を取り囲む深い樹林の冷気と水しぶきで夏でも肌寒さを感じるほどで、かって滝の付近に〝浄蓮寺〟という寺があったことから「浄蓮の滝」の名称がついた。

滝壺には女郎蜘蛛の化身が棲むという伝説が残っている。〝その昔、木こりが滝に斧を落としてしまい、探しに滝壺の中に入ると、美しい女性と出会った。木こりは、その女性と「姿を見たことを誰にも話さない」ことを約束したが、「滝の主は女郎蜘蛛」だと聞かされ彼女に会ったことを話してしまった。すると話し終わったとたんに、木こりは永遠の眠りにつかされてしまった。〟という伝説である。

53.0 × 45.5　2011

◉問い合わせ先　伊豆市観光協会　0558（73）1958

料金受取人払郵便

小石川局承認

6277

差出有効期間
令和８年３月
31日まで
（期間後は切手をおはりください）

郵便はがき

112-8790

105

東京都文京区関口1-23-6
東洋出版　編集部　行

本のご注文はこのはがきをご利用ください

●ご注文の本は、楽天ブックスより、１週間前後でお届けいたします。代金は、お届けの際、下記金額をお支払いください。

お支払い金額＝税込価格＋代引き手数料 330円

●電話やFAXでもご注文を承ります。
電話　03-5261-1004　　FAX　03-5261-1002

ご注文の書名	税込価格	冊　数

● 本のお届け先　※下記のご連絡先と異なる場合にご記入ください。

ふりがな
お名前　　　　お電話番号

ご住所　〒　　－

e-mail　　　　@

ご記入いただいた個人情報は、お問い合わせへのお返事、ご注文の商品発送、新刊・企画などのご案内以外の目的には使用いたしません。

東洋出版の書籍をご購入いただき、誠にありがとうございます。

今後の出版活動の参考とさせていただきますので、アンケートにご協力いただきますよう、お願い申し上げます。

● この本の書名

● この本は、何でお知りになりましたか？（複数回答可）
1. 書店　2. 新聞広告（　　　　　新聞）　3. 書評・記事　4. 人の紹介
5. 図書室・図書館　6. ウェブ・SNS　7. その他（　　　　　）

● この本をご購入いただいた理由は何ですか？（複数回答可）
1. テーマ・タイトル　2. 著者　3. 装丁　4. 広告・書評
5. その他（　　　　　）

● 本書をお読みになったご感想をお書きください

● 今後読んでみたい書籍のテーマ・分野などありましたらお書きください

ご感想を匿名で書籍のPR等に使用させていただくことがございます。
ご了承いただけない場合は、右の□内に✓をご記入ください。　□許可しない

※メッセージは、著者にお届けいたします。差し支えない範囲で下欄もご記入ください。

●ご職業　1.会社員　2.経営者　3.公務員　4.教育関係者　5.自営業　6.主婦
7.学生　8.アルバイト　9.その他（　　　　　）

●お住まいの地域

都道府県　　　市町村区　男・女　年齢　　歳

ご協力ありがとうございました。

白糸の滝（しらいとのたき）

落下型　潜流瀑
落差　20メートル

静岡県富士宮市上井手　富士川支流の芝川上流

上流の川から流れる滝と、溶岩断層からの湧水による滝が、幅200メートルにわたり、岩壁のいたるところから流れ落ちている。その様は高さ20メートルの崖から白い絹糸を垂らしたように見えることから名前がついた。

昭和11年に国の名勝及び天然記念物に指定され、その名にふさわしく、女性的な美しさと優しい景観が、年間を通して多くの観光客を魅了している。

「白糸の滝」は、富士講の開祖とされる長谷川角行が水行を行った場所とされ、富士講信者を中心に人々の巡礼・修行の場になったことでも知られている。

バス停（白糸の滝入口）・駐車場から滝へはわずかで、途中、左に「音止の滝」を見ながら売店通りを抜け、滝壺まで降りられる遊歩道が設置されている。

54.8 × 76.5　2011

◉問い合わせ先　富士宮市観光協会　0544（27）5240

音止(おとどめ)の滝(たき)

落下型　直瀑
落差　25メートル

静岡県富士宮市上井手　富士川支流の芝川上流

芝川上流にかかる滝で、すぐ近くにある〝白糸の滝〟とともに100選に登録された。

〝白糸の滝〟とは対照的で水量は多く、高さ25メートルの絶壁から轟音を響かせ一気に流れ落ちており、男性的で勇壮な滝である。

その昔、源頼朝が挙行した富士の巻狩りの際に、曽我祐成・時政兄弟が父の仇である工藤祐経を討とうと相談をしていたときに、滝の音で声がさえぎられたので神に祈ったところ、滝の音が一瞬途絶えたという伝説から名前がついた。付近には曽我兄弟の隠れ岩、工藤祐経の墓、源頼朝が乱れた髪を直したという泉などがある。隣の〝白糸の滝〟までは徒歩で5分ほどの距離。

53.0 × 45.5　2017

●問い合わせ先　富士宮市観光協会　0544（27）5240

阿寺（あてら）の七滝（ななたき）

落下型　段漠
落差　64メートル

愛知県新城市下吉田　豊川支流の阿寺川

礫岩の断層に7段に下ってかかっていることから「七滝」と名付けられた。

滝全体の傾斜もさほど急でもなく、耳に優しい滝音も心地いい趣のある滝である。

上から二段目、五段目の滝壺には、深さが7メートルほどの甌穴があり、また、陰陽師の〝安倍晴明〟が若い頃にこの滝で修行したという伝説があり、〝晴明〟が使ったとされる井戸が現存している。

ＪＲ東海飯田線本長篠駅か三河大野駅からそれぞれバスで〝七滝口〟で下車し、徒歩で15分ほど。車だと、東名高速豊川インターから国道151号線と併走する別所街道を北東方向に進み、織田信長と武田勝頼の長篠の戦の舞台〝長篠城（跡）〟の傍を通過するとほどなく「阿寺の滝」への案内板が目に入ってくる。ここから滝までかなりの案内板が設置されているのでわかりやすい。豊川インターから40分程度。

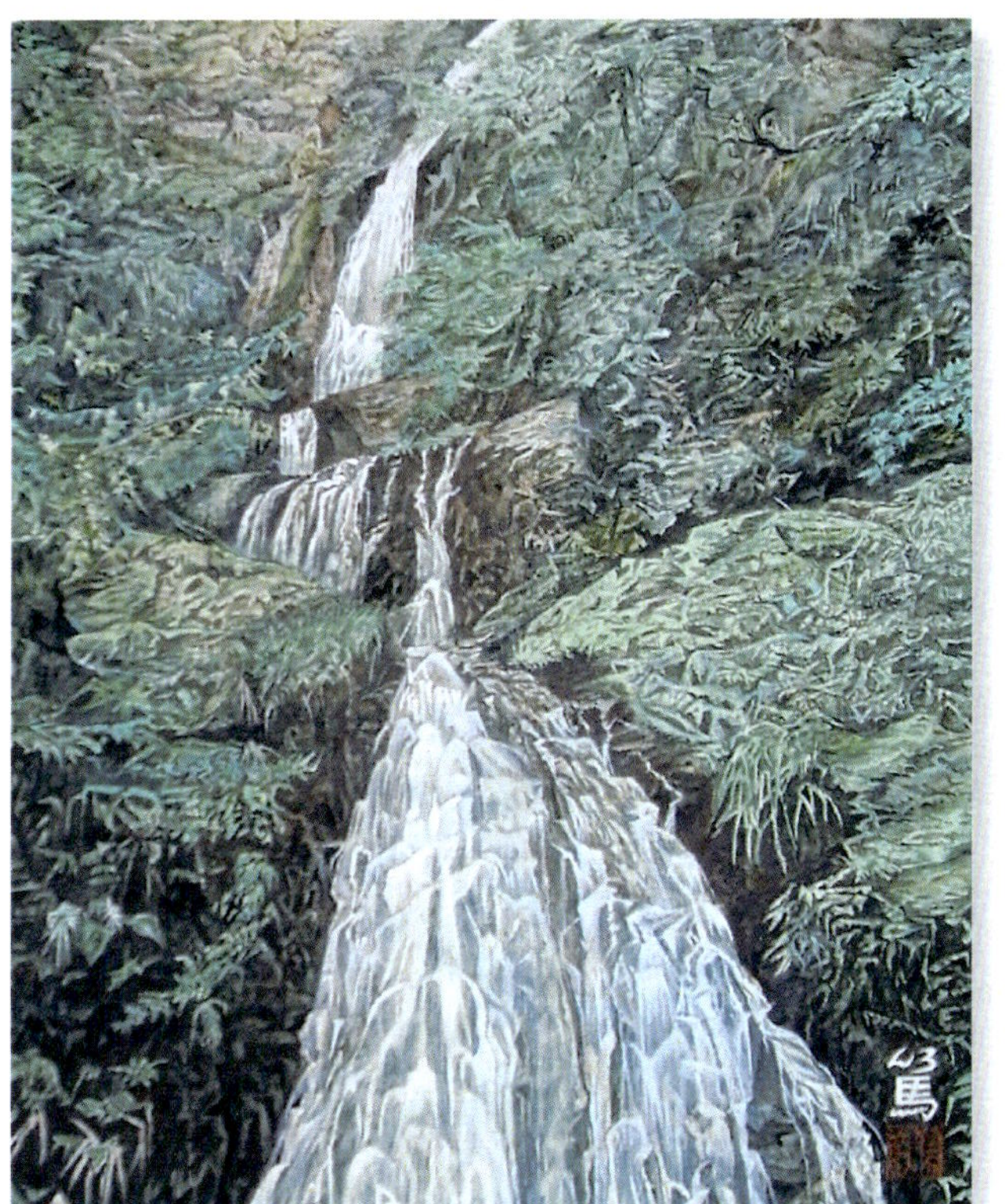

53.0 × 45.5　2011

◉問い合わせ先　新城市観光協会　0536（29）0829

近畿

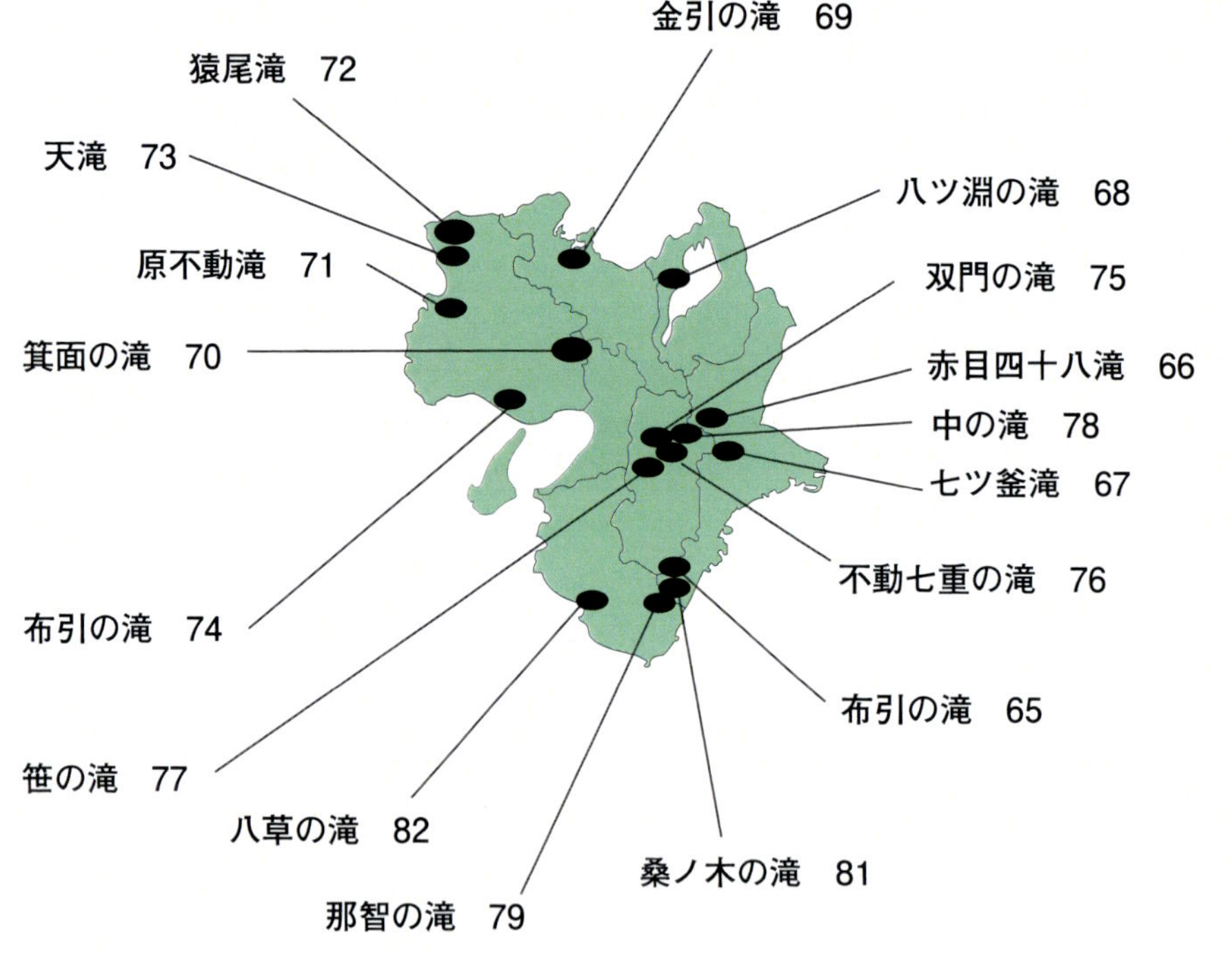
金引の滝　69
猿尾滝　72
天滝　73
八ツ淵の滝　68
原不動滝　71
双門の滝　75
箕面の滝　70
赤目四十八滝　66
中の滝　78
七ツ釜滝　67
不動七重の滝　76
布引の滝　74
布引の滝　65
笹の滝　77
八草の滝　82
桑ノ木の滝　81
那智の滝　79

布引の滝（ぬのびきのたき）

落下型　段瀑
落差　53メートル

三重県熊野市紀和町大河内　楊枝川支流

熊野川支流の楊枝川の布引谷にある落差53メートルの段瀑。その名が示すように花崗斑岩の岩肌を一枚の大きな白い布を垂らしたように音も飛沫もなく流れ落ちる優美な4段の滝である。

道路からは3段しか見えないが、実際には4段（12、4、8、29メートル）の段瀑で、滝壺付近まで石段が作られているので一番下段の滝を正面から眺められる。

この滝は四十八ヶ山秘所行場の一つで熊野信仰の修行がされていた場所でもある。また、周辺一帯の森は〝熊野市きらずの森〟として保護されている。

JR紀勢本線・新宮駅から国道168号線を経由し車で40分の距離。

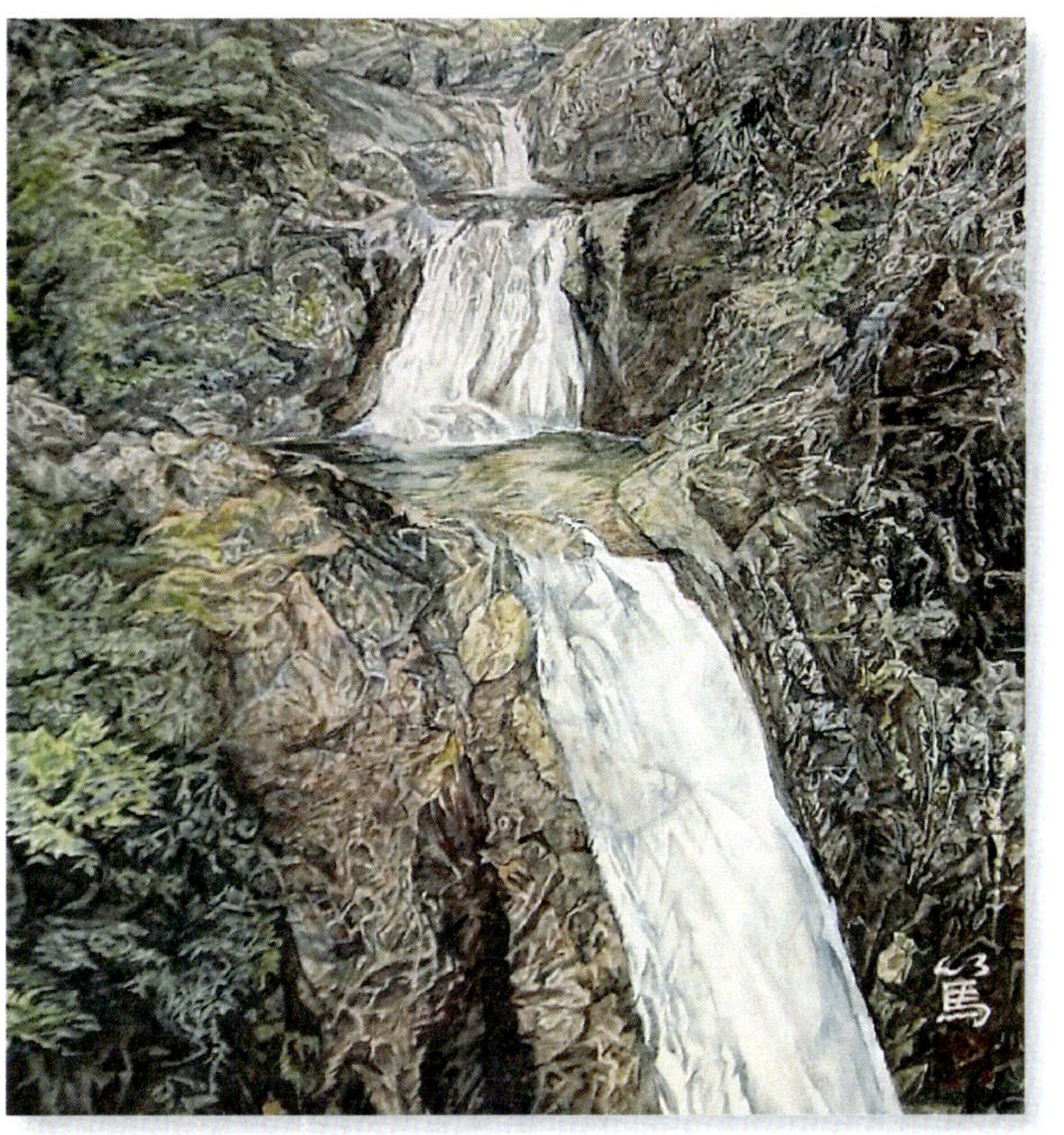

53.0 × 45.5　2011

●問い合わせ先　熊野市役所観光スポーツ交流課　0597（89）4111

赤目四十八滝（あかめしじゅうはちたき）

落下型　分岐瀑（荷担滝）
落差　8メートル（荷担滝）

三重県名張市赤目町 淀川支流の滝川

赤目町にある4キロにわたって続く渓谷に大小20余りの滝があり、総称して「赤目四十八滝」と呼んでいる。この滝群の中で、比較的大きな滝の五つが〝不動滝〟〝千手滝〟〝布引滝〟〝荷担滝〟〝琵琶滝〟で、〝赤目五瀑〟と言われている。この地は古くから山岳信仰の聖地で、〝不動滝〟は奈良時代には修験道の開祖〝役行者〟の修行の場となった。〝役行者〟が修行中に赤い目の牛に乗った不動明王に出会ったとの言い伝えから地名が〝赤目〟になったとのこと。「赤目四十八滝」の中で渓谷随一の景観とされる「荷担滝」落差8メートル（段瀑の上も入れると20メートルほどになる）。川の中央に大岩を挟んで流れが二手に分かれており、これが、荷物を振り分けて担っているように見えることから「担いの滝」「荷担い滝」と名付けられた。

45.5×53.0　2011

●問い合わせ先　名張市観光協会　0595（63）9148

七ツ釜滝（ななつがまたき）

落下型　段瀑
落差　１２０メートル

三重県多気郡大台町　宮川

日本三大渓谷の一つ大杉谷（三重県多気郡大台町）にかかる、落差約１２０メートルの多くの釜を有する七段の段瀑で大杉谷を代表する滝である。

釜はそれぞれにエメラルドグリーンの美しい色を持ち、展望台からは、３段しか見ることができないが、ここからの景観が絶景。

滝までは、大台ケ原の駐車場から歩いて片道９キロで、約４時間の工程である。しかし、２００４年９月の台風21号の集中豪雨で、〝光滝〟から「七ツ釜滝」間の山肌の大規模な崩落によって、大杉谷の登山道は通行止めになり、その後、五年計画で登山道の修復が検討されたようである。

53.0 × 45.5　2011

◉問い合わせ先　大台町観光協会　0598（84）1050

八ツ淵の滝（やつぶちのたき）

落下型　直瀑（貴船の滝）、分岐瀑（大摺鉢）
落差　30メートル、8メートル

滋賀県高島市鹿ヶ瀬　鴨川

琵琶湖の西、武奈ヶ岳から始まる鴨川源流にかかる滝で、名前の通り、〝魚止めの淵〟〝障子ヶ淵〟〝唐戸の淵〟〝大擢鉢〟〝小擢鉢〟〝屏風ヶ淵〟〝貴船ヶ淵〟〝七遍返しの淵〟の八つの淵にそれぞれ異なった表情が見られる滝の総称である。

この八つの中で一番の落差を誇るのは、30メートルの「貴船の滝」で周辺の景観が美しいのは「大擢鉢」。「大摺鉢」は初心者でも歩いて行くことができるが、それ以外は鎖場や、梯子などの足場の悪い場所があるため、登山に相応しい装備が望ましい。

国道161号線から県道296号線を経由し、ガリバー青少年旅行村を目指す。この駐車場から鴨川沿いに〝八ツ淵〟に向けて登山道を登る。片道1時間30分ほどの距離。

53.0 × 45.5　2011　貴船の滝

53.0 × 45.5　2010　大摺鉢

◉問い合わせ先　高島市観光振興課　0740（25）8040

金引の滝（かなびきのたき）

落下型　分岐瀑
落差　40メートル

京都府宮津市滝馬　大手川支流

金引山麗大手川支流にある滝で、金引（男滝・女滝）、白竜、臥竜、の三滝をあわせて「金引き滝」と呼ばれている。

主瀑の「金引き滝」は、むき出しの花崗岩や閃緑岩の幅のある岩肌を滑り落ちる分岐瀑で、左の滝幅の狭い方が〝女滝〟、左の幅の広い方が〝男滝〟になる。滝壺は浅く、滝の近くまで寄ることができる。

この滝には、昔、農民たちが滝の不動尊に願い、滝の水を火に変えて藩主の悪政をいさめたという伝説が残り、今でも、毎年7月の最終日曜日には〝金引の滝火祭り〟が催される。

京都府道9号線綾部大江宮津線から京都府府立宮津高等学校の横（南東）にある交差点を西にまがり、1キロほど進んだところが入口で、駐車場はさらに進んだところ。

45.5 × 53.0　2012

●問い合わせ先　天橋立駅観光案内所　0772（22）8030

箕面の滝（みのおのたき）

落下型　直瀑
落差　33メートル

大阪府箕面市　淀川水系猪川支流の箕面川

明治の森箕面国定公園内にある滝で近畿地方を代表する名瀑。

〝箕面〟の名は滝の形が蓑に似ていることから箕面と付けられ、地名もこれに由来するという説と、周辺に〝尾〟のつく地名が多いことから〝水尾〟が転じたという説がある。紅葉の名所としても知られ、年間200万人もの観光客で賑わう。

滝の名句として知られる〝瀧の上に水現れて落ちにけり〟は後藤夜半が、この「箕面の滝」を詠んだもので、滝前に句碑が建てられている。

阪急電鉄箕面駅より2・8キロほど、滝の間近に駐車場もあって、アクセスには便利である。

53.0 × 45.5　2006

53.0 × 45.5　2012

◉問い合わせ先　明治の森箕面国定公園　072（721）3014

原不動滝（はらふどうたき）

落下型　段瀑
落差　88メートル

兵庫県宍粟市波賀町原　揖斐川水系引原川支流の八丈川

落差88メートルを3段に分かれて落下する〝男滝〟と、この〝男滝〟のエメラルド色した美しい滝壺に合流している〝女滝〟が左脇にある。

滝は原不動滝森林公園内にあり、ブナ、カエデ、カシなどの落葉樹や、モミの針葉樹などの原生林に囲まれ、秋には紅葉の名所となっている。また、公園内には、温泉施設〝楓香荘〟やキャンプ場がある。

滝までの遊歩道の途中に滝名の由来となった〝不動堂〟があり、山間にかかる二か所の吊橋のうち〝奥かえで橋〟で滝を眺められる。

JR姫路駅より神姫バス山崎行き終点（1時間20分）神姫バス原行きまたは戸倉行きに乗り換えて、〝原停留所下車（40分）バス停より徒歩30分。

53.0 × 45.5　2020

●問い合わせ先　ひょうご観光本部　078（361）7661

落下型　段瀑
落差　60メートル

兵庫県美方郡香美町村岡区　湯舟川支流の作山川

妙見山にある名草神社参道から眺望できる滝として古く地元に親しまれている。江戸時代には村岡藩主山名公が滝の下で〝ソーメン流し〟を楽しんだと伝えられ、現在でも毎年7月第2日曜日には、このソーメン流しを行う〝猿尾滝祭り〟が開催される。

やや細めの2段に分かれて落下する滝で、上段39メートル、下段21メートルあり、この下段の流れが猿の尻尾に似ているところから名付けられたという。

山陰へ向かう国道9号線沿いにあり、最寄り駅は、JR八鹿駅から全但バス村岡・秋岡方面行きのバスに乗り、〝日影バス停〟で下車（45分程度）し、滝まで徒歩で20分。車では、国道9号線より県道267号線に入り、1・5キロほど走行すると駐車場に着く。駐車場からは100メートル。

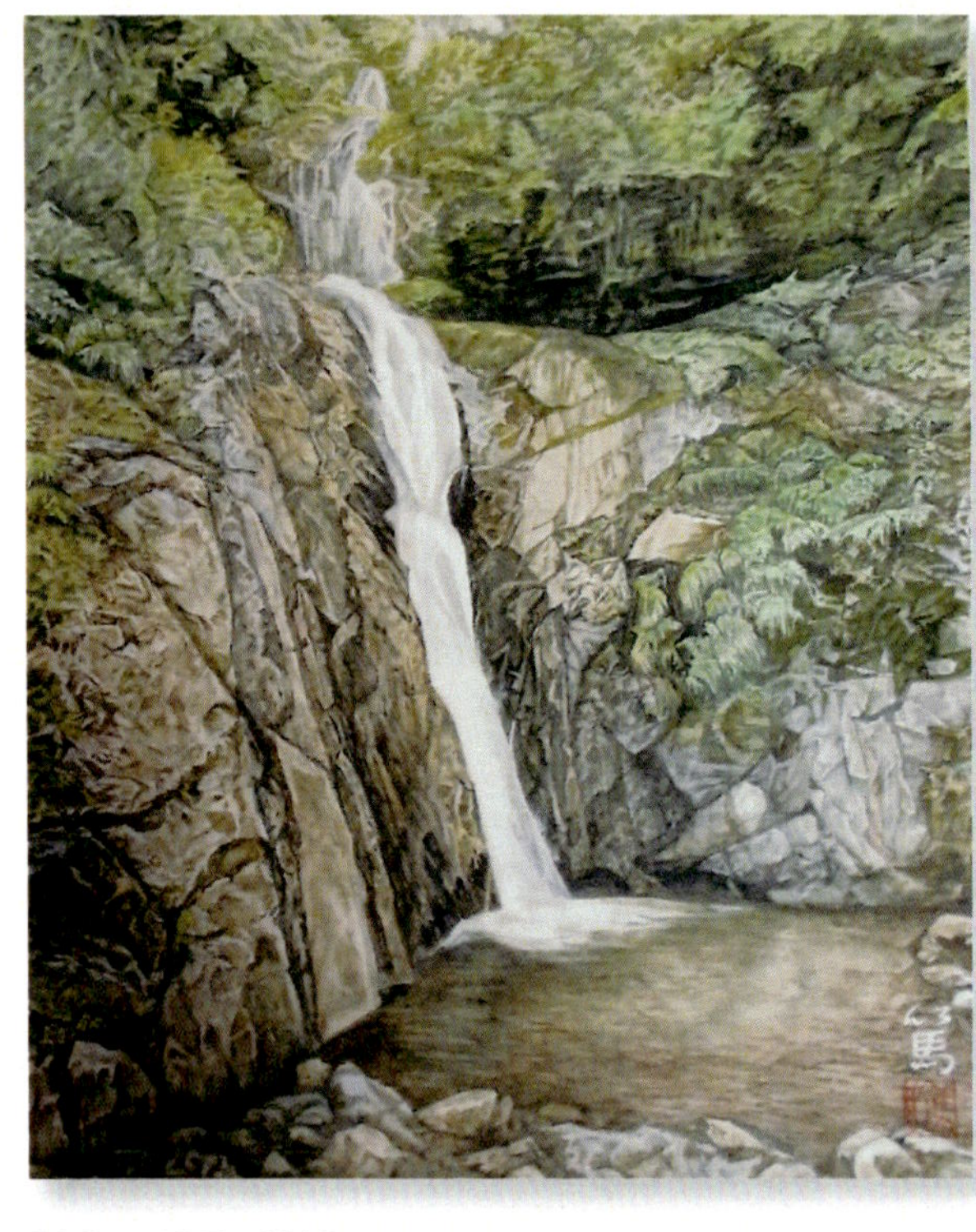

53.0 × 45.5　2012

◉問い合わせ先　香美町村岡観光協会　0796（94）0123

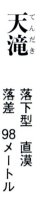

天滝（てんだき）

落下型　直瀑
落差　98メートル

兵庫県養父市大屋町筏　円山川支流の大屋川

天滝渓谷最奥部にかかる県下随一の大瀑。落差98メートルの雄大な滝は、その名のごとくまさに天から降り注ぐかのように裾を広げて落下している。

「天滝」のある〝天滝渓谷〟は兵庫県最高峰氷ノ山を源とする渓谷で〝氷ノ山後山那岐山国定公園〟内にあって、「天滝」のほかにも〝糸滝〟〝夫婦滝〟〝鼓ヶ滝〟など大小7つの滝が点在している。また、原生林に覆われた渓谷沿いの遊歩道は〝森林浴の森100選〟に認定され、登山コースとしても人気がある。

JR山陰本線〝八鹿駅〟から全但バス明延・大屋〝行きに乗車(50分)。〝大屋〟で〝若杉・横行〟行きに乗り(10分)〝天滝口〟で下車。天滝まで徒歩で約1時間ほど。

53.0 × 45.5　2012

●問い合わせ先　やぶ市観光協会　079（633）1515

布引（ぬのびき）の滝（たき）

落下型　段漠
落差　43メートル（雄滝）

兵庫県神戸市中央区葺合町　生田川の中流（布引渓流）

摩耶山と石楠花山に源とする生田川の中流（布引渓谷）にかかる〝雄滝〟〝雌滝〟〝夫婦滝〟〝鼓ヶ滝〟の４つの滝を総称して「布引の滝」と呼んでいる。

和歌山の〝那智の滝〟、栃木の〝華厳の滝〟とともに日本の〝三大神滝〟の一つとされ、景勝地としても人気がある。中でも〝雄滝〟は乳白色の岩肌を複雑に変化しながら落下する五段の滝でじつに勇壮さを感じる。また、五段の格段は、大甌穴があって、巌頭より〝滝姫宮〟〝白龍〟〝白鬚〟〝白滝〟〝五龍宮〟と呼ばれている。

ＪＲ新神戸駅のすぐ北側にあり、駅のガード下を通って北側に出ると大きな案内板がある。徒歩で10分程度。

53.0 × 45.5　2013

◉問い合わせ先　神戸観光局　078（327）8981

双門の滝（そうもんのたき）

落下型　段瀑
落差　70メートル（大滝）

奈良県吉野郡天川村北角　弥山川

１００選の滝の中で最も到達困難で最難関の滝とされる上級登山者のみが味わえる秘瀑と言われている。

近畿の最高峰、八経ヶ岳、弥山への登山ルートで、弥田川の川底を歩く箇所があり、水かさが増す雨大時の時には通行が不可能になるため、天候が良い日にしか行くことができない。

「双門の滝」は、四つに続いている長大な段瀑の総称で、切り立つ大絶壁の深い切れ込みにその姿を見ることができる。

上流の〝大滝〟は落差70メートル、一番下の〝一の滝〟は40メートル。

往復11時間程の強行軍になり、〝深山幽谷〟を体感できる滝として知られている。

53.0 × 45.5　2009

●問い合わせ先　天川村総合案内所　0474（63）0999

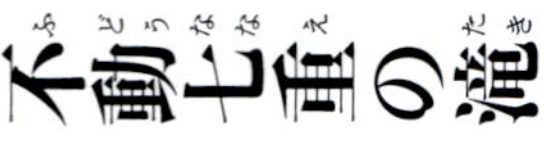

不動七重の滝（ふどうななえのたき）

落下型　段瀑
落差　160メートル

奈良県吉野郡下北山村　北山川支流の前鬼川

吉野熊野国立公園内の前鬼川にかかる滝で、その名の通り、80メートル大滝（三段目）を筆頭に水量豊富で豪快な七段の段瀑である。

国道169号線下北山村の〝前鬼橋〟袂の「前鬼口」から林道にはいる。約6キロ進むと「前鬼不動七重の滝・森林浴歩道」の看板があり、そこを100メートル進むと7段目（落差40メートル）の滝を望めるビューポイントがある。さらに600メートル行けば滝を正面から望める〝展望所〟（駐車スペース5台程度）に到着する。新緑や紅葉時期は多くのカメラマンで賑わう場所で、更に100メートル先のトンネルを抜ければ、〝大滝〟を斜め横から望めるスポットがある。

大正時代には前鬼一帯の森は林業が盛んな地域であり、伐採した木々を滝の最上段から落とし滝下の河原で製材を行ったとのことで、対象は、落差80メートルある高さから落としても折れない巨木ばかりだったそうである。

53.0 × 45.5　2013

●問い合わせ先　下北山村役場　0746（86）0016

笹(ささ)の滝(たき)

落下型　直瀑・渓流瀑
落差　32メートル

奈良県吉野郡十津川村大字内原　十津川支流の滝川

十津川村の滝川渓谷にあり、直瀑の主瀑とその下の岩肌を流れる渓流瀑を総称して「笹の滝」と呼んでいる。

高さ32メートルから勢いよく水しぶきを上げて滝壺に落下する迫力ある直瀑はもちろんのこと、滝壺から流れ出て岩肌を白布で覆ったような神秘的な流れのハーモニーは、〝大自然の癒しスポット〟として人気を集めている。

国道168号線から滝川沿いに入って12キロほど進むと〝滝入り口〟があり、ここから歩いて5分ほどで滝壺の前に到着する。

幕末の頃、天誅組の〝伴林光平〟一行が、風屋から滝川をさかのぼって北山郷白川に抜ける際に、この「笹の滝」を目にし、伴林光平が、〝世にしらぬ　あわれをこめて　しぐるらん　小笹の滝の　有明の月〟と詠んだとされる歌が残っている。

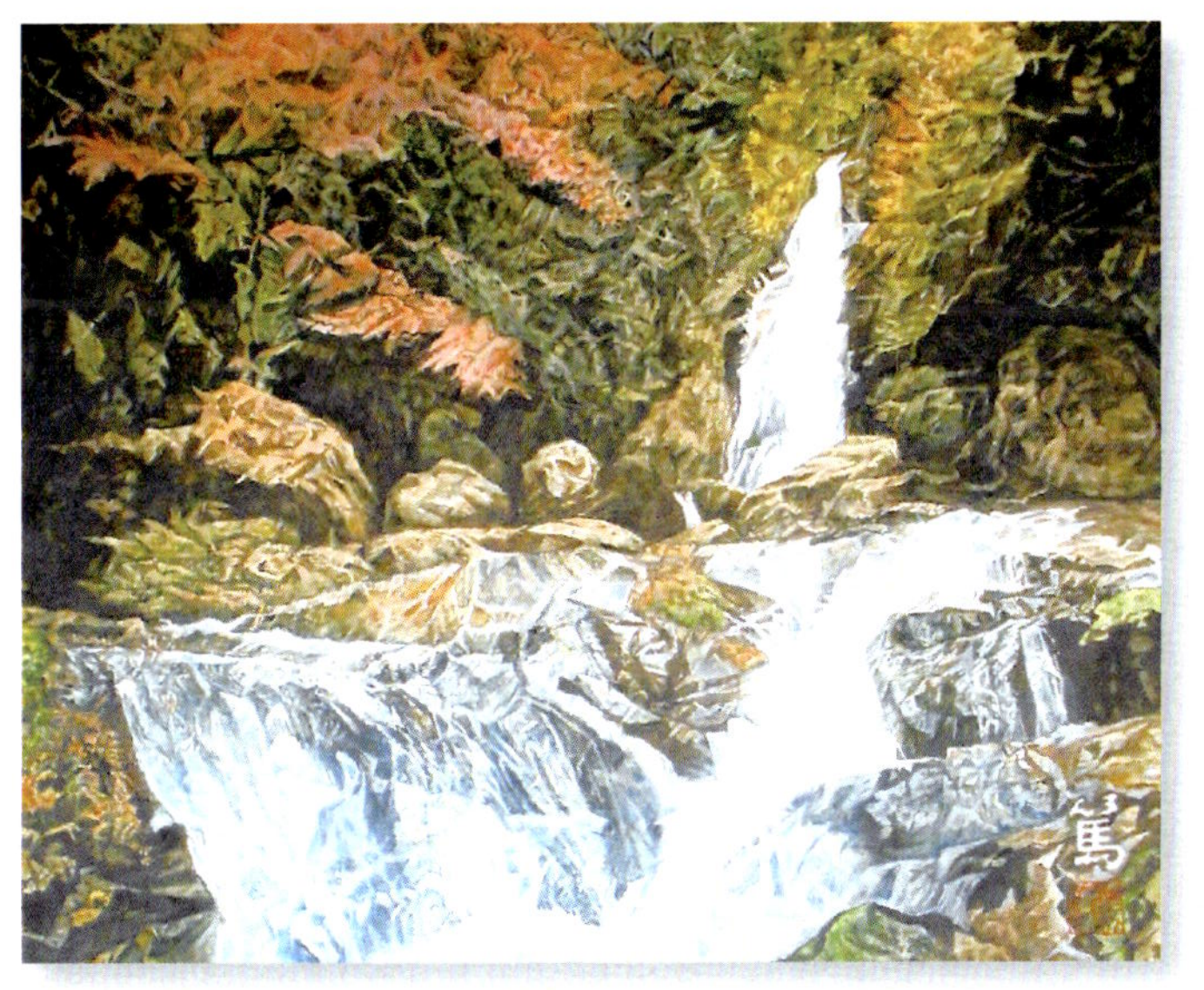

45.5 × 53.0　2013

●問い合わせ先　十津川村観光協会　0746（63）0200

中の滝（たき）

落下型　段瀑
落差　250メートル

奈良県吉野郡上北山村大台ケ原　東の川支流

西大台ケ原のブナの原生林から三段になって東の川に流れ落ちる落差250メートルの壮大な滝である。

滝近くまでは行くには、自己責任が求められるほど厳しい登山行程となり一般の人は大台ケ原の大蛇嵓から遠望することになる。

また、「中の滝」の左には落差150メートルの〝西の滝〟があり、これも遠望となるが、二つの滝を同時に見ることができる場所がある。大台ケ原の駐車場から遊歩道をシオカラ吊橋まで行き、谷沿いに滝見尾根を一時間ほど下って行けば到着する。

〝関西最大の幻の滝〟と言われている。

53.0 × 45.5　2013　中の滝

53.0 × 45.5　2013　西の滝

●問い合わせ先　上山北村役場　07468（2）0001

那智（なち）の滝（たき）

落下型　直瀑
落差　１３３メートル

和歌山県東牟婁郡那智勝浦町　那智川

〝華厳の滝〟と共に日本を代表する滝の一つ。熊野灘に注ぐ那智川中流にかかる滝で、高さ１３３メートルのほぼ垂直の断崖から一気に落下する様はじつに圧巻で、一段の滝としては落差日本一を誇っている。

滝口の二つのくぼみから三筋に分かれて落下していることから〝三筋の滝〟とも呼ばれている。また、この那智の山中には多くの滝があり、その中の48の滝に番号と、儒教、仏教、道教、陰陽五行説などの諸宗教にもとづく名前がつけられ、それぞれに千日滝篭行がおこなわれていたと伝えられている。

〝那智の滝〟はこれら48の滝の総称で、現在の「那智の滝」として知られるこの滝は、〝一の滝〟にあたり、〝大滝〟とも呼ばれていた。

76.5 × 54.5　2017

●問い合わせ先　那智勝浦町観光協会　0735（52）5311
熊野那智大社　0735（55）0321

45.5 × 53.0　2017

桑ノ木の滝（くわのきのたき）

落下型　分岐瀑
落差　21メートル

和歌山県新宮市　熊野川水系高田川の支流桑ノ木渓谷

高田川の支流桑ノ木渓谷にかかる滝で、山桑が自生して桑ノ木谷と名付けられた。

100選の中にあっては小さめの滝だが、水量の変化が激しいために色々な表情をみせてくれる面白い滝である。水量が多いときは川幅いっぱいに水が落ちる様子は豪快そのもので、水量の少ないときは川幅（8メートル）一杯に白いレースのカーテンを引いたような美しい表情を見せてくれる。

滝下の淵に棲む〝大あめのうお〟が〝川の中に鵜を入れないでほしい〟と言ったという伝説がのこっている。

滝へは、国道168号線から雲取温泉方面に曲がり、県道230号線をしばらく走り、相賀地区の桑の木橋付近の広くなっている路肩に駐車。橋を渡って800メートル（徒歩で15分）くらい。

53.0 × 45.5　2006

●問い合わせ先　新宮市商工観光課　0735（23）3333

八草(はそ)の滝(たき)

落下型　直瀑
落差　22メートル

和歌山県西牟婁郡白浜町久木　日置川支流の品瀬川谷

白浜町の日置川支流の品瀬川谷、大塔日置川県立公園内にある滝だが、実名は谷名の〝品瀬川滝〟で、八草谷は隣の谷であるのになぜか「八草の滝」の名で通っている。

年間を通して水量の少ない滝といえるが、周辺は趣のある滝の音と、鳥のさえずりしか耳に入らないほど静寂で、新緑の中に白いしぶきをあげながら流れ落ちる姿は絶景と言える。

和歌山県道37号日置川大塔線の久木橋から東へ700メートルほど行ったところに遠望できる小さな展望所があるが、滝下までは、久木橋を渡り橋詰を右折して林道に入り、行き止まりまで進んで、そこから徒歩で30分ほどで滝下に到着する。

53.0 × 45.5　2017

●問い合わせ先　日置川事務所産業建設係　0739（52）2300

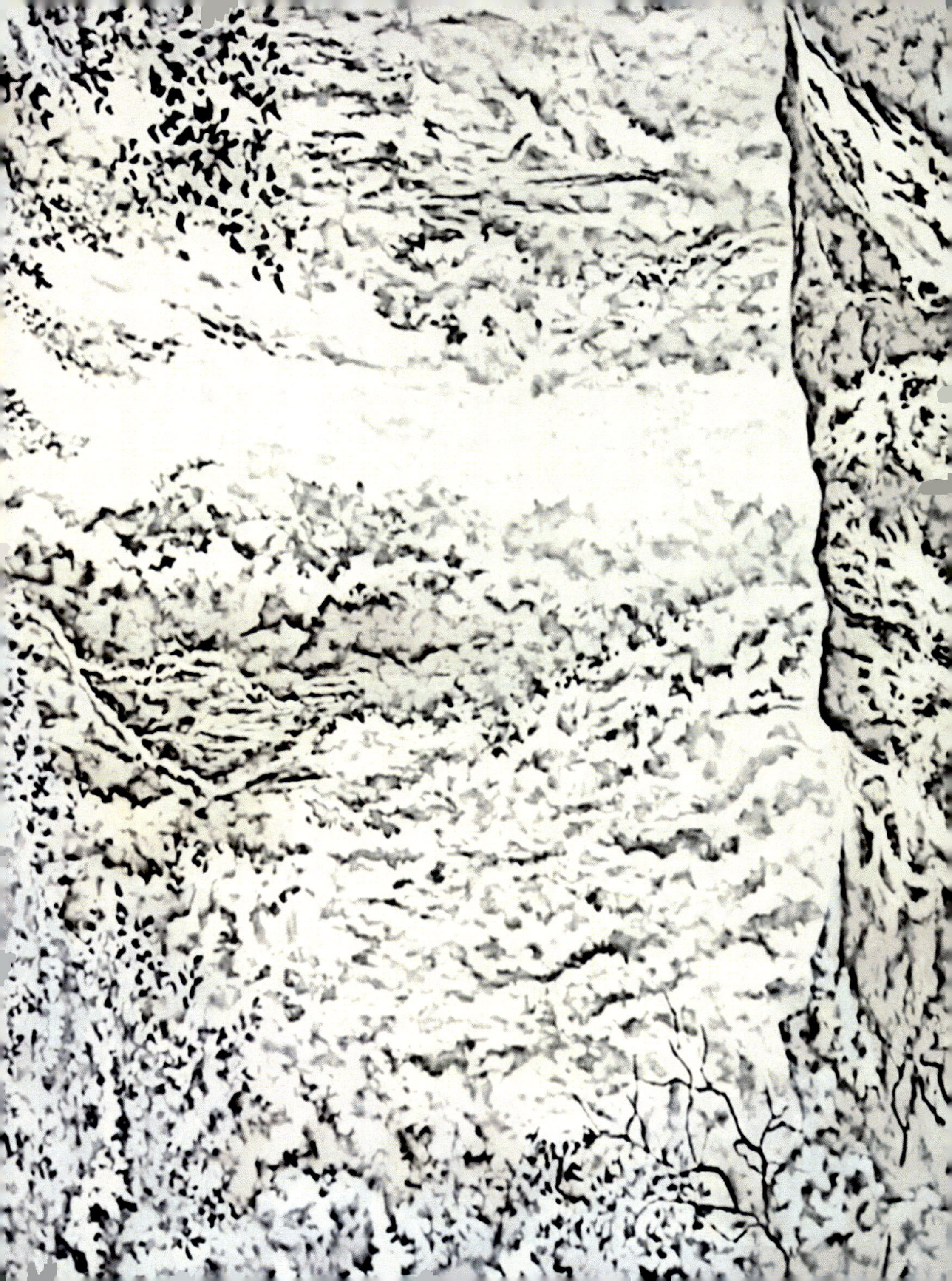

中国・四国

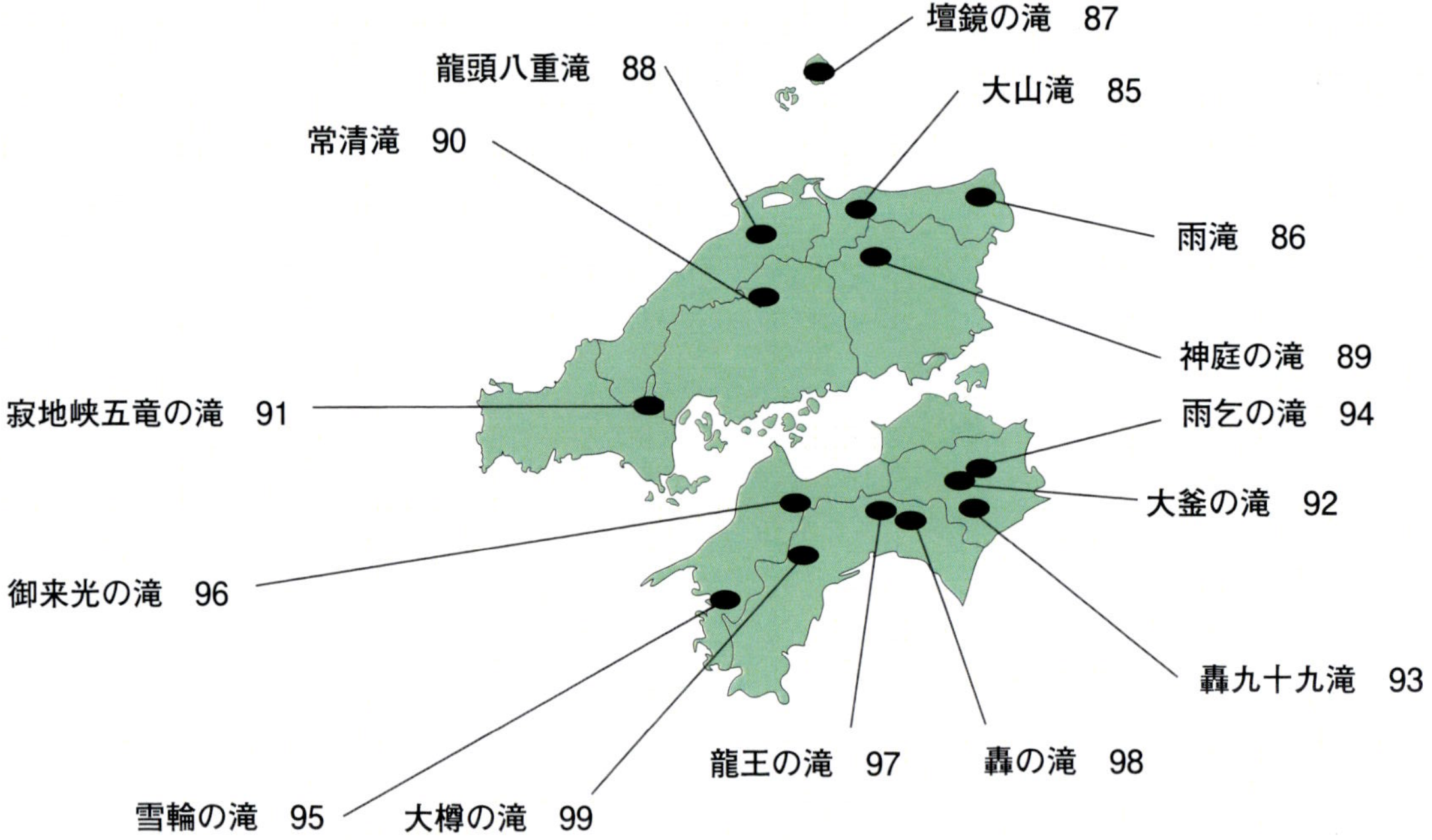

壇鏡の滝　87
龍頭八重滝　88
大山滝　85
常清滝　90
雨滝　86
神庭の滝　89
寂地峡五竜の滝　91
雨乞の滝　94
大釜の滝　92
御来光の滝　96
轟九十九滝　93
龍王の滝　97
轟の滝　98
雪輪の滝　95
大樽の滝　99

大山滝（だいせんだき）

落下型　段瀑
落差　42メートル

鳥取県東伯郡琴浦町野井倉　加勢蛇川上流

伯耆富士と呼ばれる中国地方一の高さを誇る〝大山〟の東斜面、烏ヶ山と三鈷峰の中間地点にある地獄谷に流れる加勢蛇川にかかる滝。

かっては、三段の段瀑であったが、１９３４年の室戸台風の洪水により上段28メートル、下段14メートルの二段になってしまった。

水量は年中豊富で、蒼くて大きな滝壺にはロープ伝いで降りることができ、滝壺からの水しぶきと響き渡る轟音で臨場感を満喫できる。

一向平（いっこうがなる）野営場から遊歩道が整備されており、大山滝不動明王の湧水を見て、吊り橋をわたり、30分ほどの行程となる。

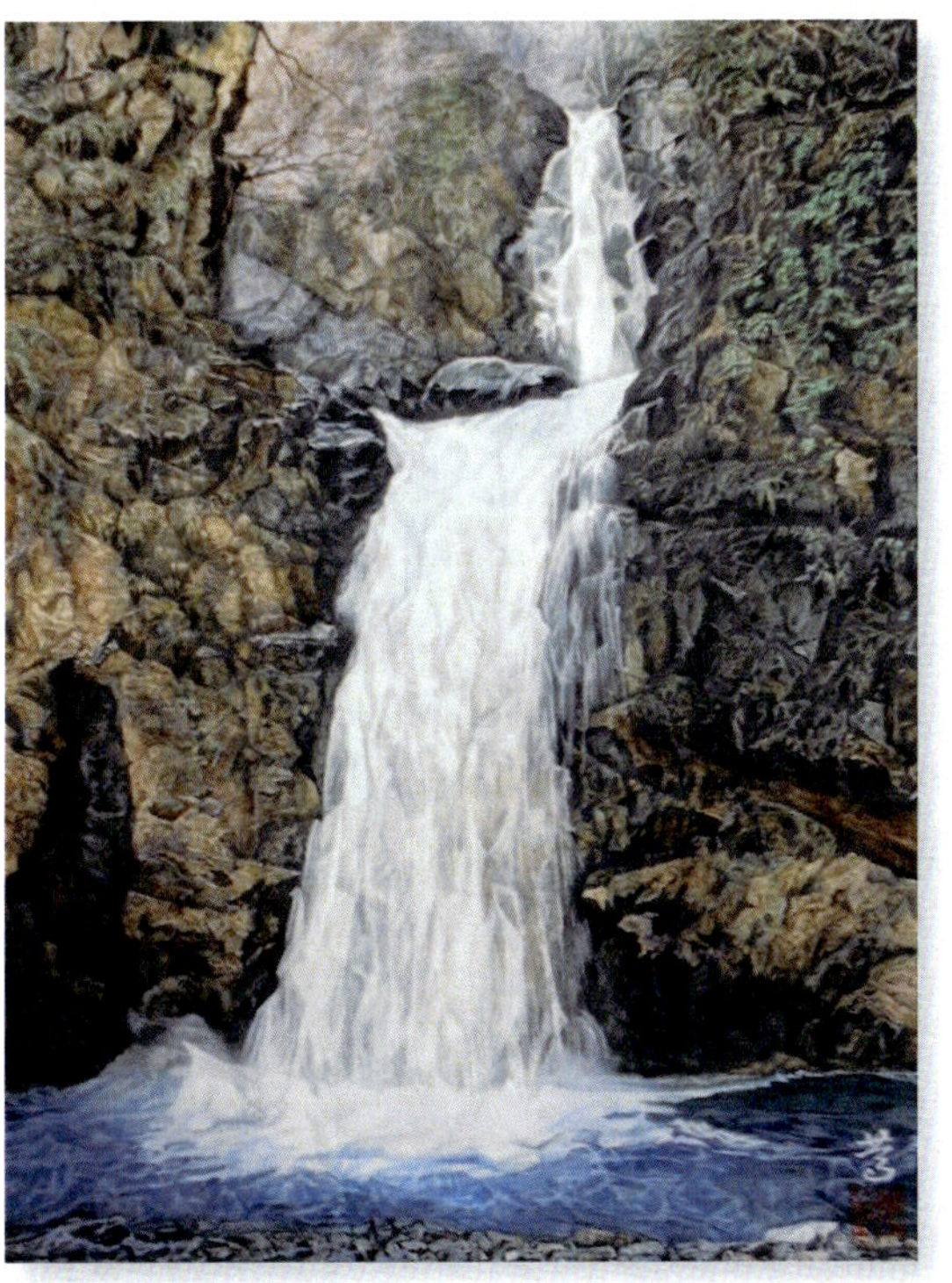

108.5 × 76.5　2016

●問い合わせ先　琴浦町商工観光課　0858（55）7801

雨滝（あめだき）

落下型　直瀑
落差　40メートル

鳥取県鳥取市国府町　千代川水系袋川の支流雨滝川

柱状節理の玄武岩の岩肌を豊富な水量で飛沫を上げて落下する直瀑の勇壮な滝である。

古来より霊場として修行信仰の場となっており、滝前にある不動明王に祈願すると商売繁盛、また、精神病が治癒するなどの霊験がある。また、雨滝の霊水は、皮膚を守る効果があるとされ、滝に参拝した次の冬は肌荒れが無く、寒さから肌を守ってくれるという言い伝えが残っている。

青々とした滝壺の前で瞑想にふけると、霊場「雨滝」の存在を今なお感じられるという。

現在は、毎年6月第一土日〝滝開き祭り〟が開催され、神事・傘踊りなどの奉納によりシーズンの無事が祈願される。

公共交通機関では、JR鳥取駅から日の丸バス雨滝行き終点下車（約1時間）、停留所より徒歩40分。車の場合は、滝付近までは舗装道路で、駐車場より5分。

53.0 × 45.5　2018

●問い合わせ先　国府町総合支所産業建設課　0857（30）8656

壇鏡の滝

落下型　直瀑（雄滝）・段瀑（雌滝）
落差　40メートル（雄滝・雌滝）

島根県隠岐郡隠岐の島町那久　那久川

隠岐諸島の一つ、島後の横尾山を源流とする那久川の上流にかかる滝。

岩壁に立つ壇鏡神社の両側に〝雄滝〟と〝雌滝〟があり、二つの滝を併せて「壇鏡の滝」と呼ぶ。〝雄滝〟は滝が裏から展望できる〝裏見の滝〟になっており、滝名の〝壇鏡〟は、〝壇鏡神社〟から由来しているが、その昔、上流にある滝から神鏡が見つかり、それを祀った神社として〝壇鏡神社〟と呼ばれるようになった。

滝に近い水源の湧水は〝壇鏡の滝湧水〟として名水百選に選ばれ、地元では〝長寿の水〟〝勝者の水〟〝火難防止の水〟として知られ、必ずこの水で身体を清めて行事に臨む習慣が続いているという。

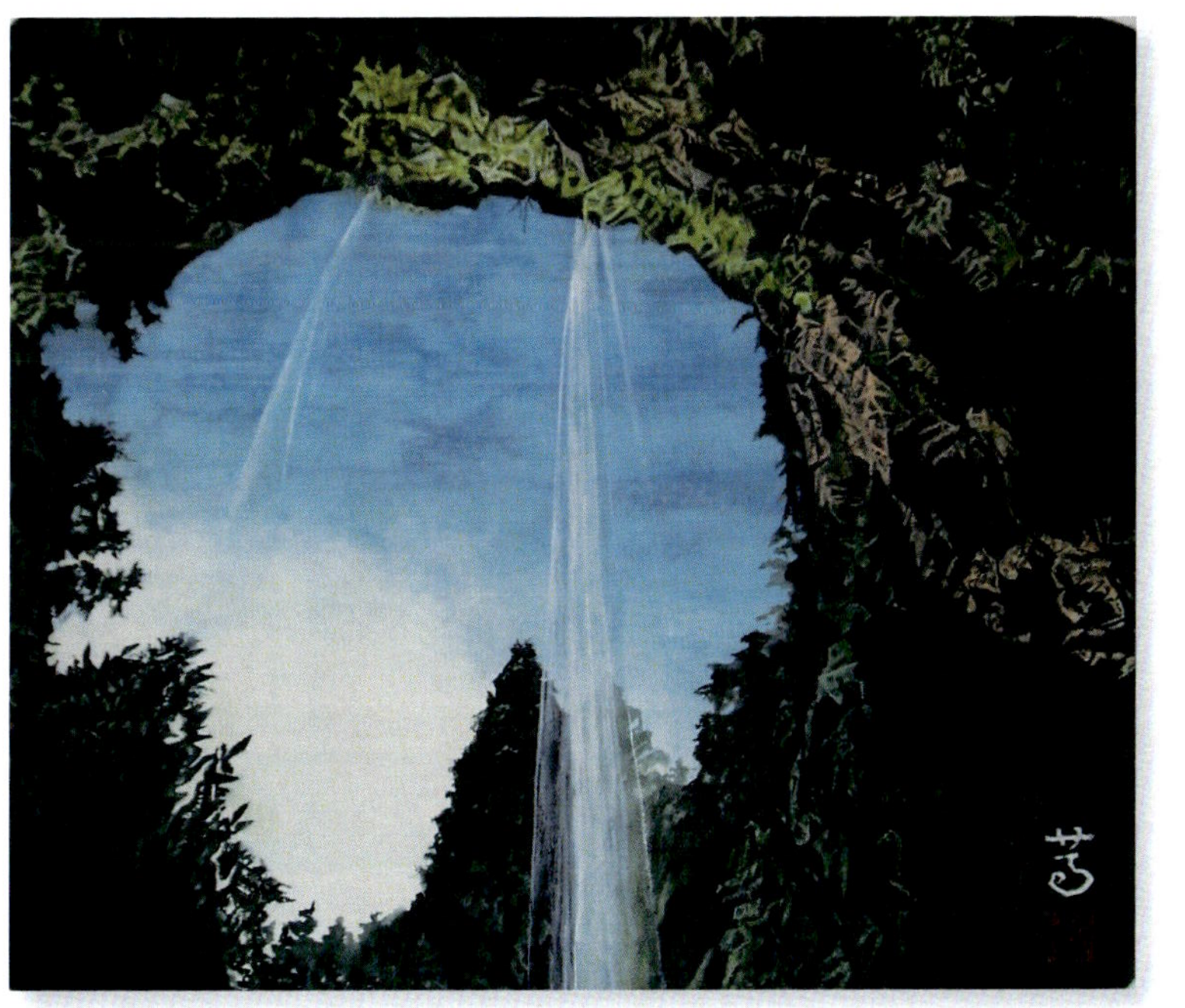

45.5 × 53.0　2018　雄滝

◉問い合わせ先　隠岐の島町観光協会　08512（2）0787

龍頭八重滝（りゅうずやえたき）

落下型　直瀑（龍頭ヶ滝）・段瀑（八重滝）
落差　41メートル（龍頭ヶ滝）・40メートル（八重滝）

島根県雲南市掛合町松笠　揖斐川水系滝谷川・民谷川

松笠地区にある〝龍頭ヶ滝〟と5・5キロ離れた入間地区にある〝八重滝〟を総称して「龍頭八重滝」と呼んでいる。

〝竜頭ヶ滝〟は滝谷川にあり、上流部に〝雄滝（落差41メートル）、下流部に〝雌滝（30メートル）〟からなる二つの滝を指している。〝雄滝〟は裏側が洞窟になっており、滝観音が祀られている。洞窟内部からは〝裏見の滝〟を楽しむことができる。

また、〝八重滝〟は民谷川にかかる〝八汐滝（上部）八塩滝（下部）・姫滝・姥滝・河鹿滝・紅葉滝・滝尻滝・猿飛滝〟の8瀑の総称である。

主瀑は〝八汐滝〟で落差40メートルの段瀑。〝滝尻滝〟は落差15メートルの直瀑。残りの滝は落差のあまりない渓流瀑である。

45.5 × 53.0　2007　八汐滝

45.5 × 53.0　2018　雄滝

●問い合わせ先　雲南市役所商工観光課　0854（40）1052

神庭の滝（かんばのたき）

落下型　分岐瀑
落差　110メートル

岡山県真庭市神庭　旭川支流の神庭川

岡山県立自然公園内にある落差110メートルの西日本でも最大級の分岐瀑である。

断崖絶壁からしぶきを上げて流れ落ちる豪快さと、そのしぶきが、あたかも白布を垂らしたように落下する様は神秘的な美しさがある。

また、滝の中央部に黒い岩が突起しており、その形が〝鯉が滝登り〟をしているように見えることから、〝鯉岩〟と呼ばれている。

駐車場もあり、そこから遊歩道も整備され徒歩5分ほどで滝下に着く。近くには、〝玉垂の滝〟〝滔々の滝〟〝鬼の穴〟という鍾乳洞がある。また、野生猿も生息しており、遊歩道等で目にすることができる。

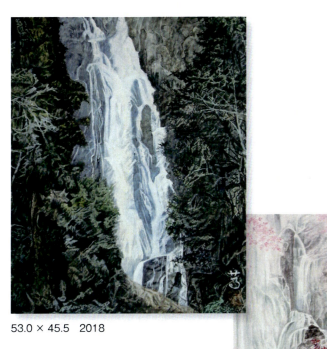

53.0 × 45.5　2018

53.0 × 45.5　2010

◉問い合わせ先　神庭の滝自然公園管理事務所　0867（44）2701

常清滝（じょうせいだき）

落下型　段瀑
落差　126メートル

広島県三次市作木町下作木　江の川水系作木川支流

江の川水系作木川支流にかかる3段の滝で、欅、コナラ等を主とした落葉広葉樹林に覆われた自然環境保全地域に指定された緑と渓流が美しい自然の中にある滝。

3段に分かれた漠水は、上段〝荒波の滝〟（36メートル）、中段〝白糸の滝〟（69メートル）、下段〝玉水の滝〟（21メートル）と名付けられている。

年間を通して水量は多くないせいか、かなりの落差があるにも関わらず滝壺がほとんどないので、滝のすぐ傍まで近づくことができる。

また、冬季には完全凍結する滝として有名だったが、最近では完全凍結は珍しくなっているとのことである。

中国自動車道三次ＩＣから国道54号線、県道62号を作木方面へ25キロ。三次市役所作木支所の駐車場を利用し徒歩で10分前後。

53.0 × 45.5　2018

◉問い合わせ先　三次市役所作木支所　0824（55）2112

寂地峡五竜の滝

落下型　段瀑
落差　20メートル（竜尾の滝）

山口県岩国市錦町宇佐　錦川水系宇佐川

西中国山地国定公園の三大渓谷の一つ大原峡にある大原十八滝の内、五竜の滝が百選に選ばれている。

この五竜の滝は落差200メートルを連続して流れ落ちている五つの滝で、上から〝竜頭の滝〟（落差14メートル）、〝竜門の滝〟（落差18メートル）、〝白竜の滝〟（落差10メートル）、〝登竜の滝〟（落差8メートル）、〝竜尾の滝〟（落差上15・下5メートル）であり、これを総称して「寂地峡五竜の滝」と呼ばれている。

寂地の名は、昔、この川に大蛇が棲み、木々をなぎ倒したり、毒気の息を吐いて作物を枯らしたりして村人を悩ませていた。そこに旅の途中の寂地坊という僧が現れ、祈祷を行って大蛇を退治してくれたのである。それ以来、この渓谷を寂地と呼ぶようになった。

53.0 × 45.5　2018

●問い合わせ先　寂地峡案内所　0827（74）0776

大釜（おおがま）の滝（たき）

落下型　直瀑
落差　20メートル

徳島県那賀郡那賀町木沢村　那賀川水系釜ヶ谷川

「大釜の滝」がある雲早山（１４９６メートル）を源流とする釜ヶ谷川の〝釜ヶ谷渓谷〟は大小の滝、色濃い深みのある淵、流れで生じた色彩鮮やかな岩石、それらを取り囲む原生林が醸す渓谷美で多くの人々を魅了している。

その中にあって、「大釜の滝」は、両側に屏風を思わせる１００メートルほどの絶壁をぬって20メートルの高さから勢いよく流れ落ちている。

深さ15メートルあると言われる滝壺はその深さから今なお大蛇が棲むという伝説が残っている。

那賀町木沢支所から車で25分ほど。国道１９３号線・沢谷橋より釜ヶ谷渓谷を国道沿いに上流へ向かえば滝の案内標識があり、そこからの展望となる。駐車場は準備されていない。

45.5 × 53.0　2020

◉問い合わせ先　香南市観光協会　0887（56）5200

轟九十九滝（とどろきくじゅうくたき）

落下型　直瀑（轟本滝）
落差　58メートル

徳島県海部郡海陽町平井王余魚谷　海部川水系

「轟九十九滝」は轟神社の周辺に点在する幾つもの滝の総称であり、九十九は〝多い〟という意味をさしている。

その中で、轟神社の奥部にある〝轟本滝〟（別名は王餘魚滝（かれいだき））が主滝とされ最下流に位置する。この〝轟本滝〟は轟神社の御神体で、落差58メートルあるが、岩壁に隠れて全容を見ることができない。その狭い隙間を迫力満点に流れ落ち、滝下は水飛沫で霧雨が降っているかのように滝が霞んで見える。

〝轟本滝〟の右側に滝見道があり、上部には〝二重の滝〟〝横見の滝〟〝船滝〟〝丸渕滝〟〝鳥返滝〟〝大鳥小鳥滝〟〝三十三才滝〟そして、轟神社奥宮の鍋割神社の御神体である〝鍋割滝〟がある。これら主な滝はこの九つだが、他にも大小様々な滝がある。

53.0 × 45.5　2016

53.0 × 45.5　2020

◉問い合わせ先　海陽町観光協会　0884（76）3050

雨乞の滝

落下型　段漠（雌滝）
落差　45メートル（雌滝）

徳島県名西郡神山町　吉野川水系鮎喰川支流の高根谷川

右に〝雌滝〟、左に〝雄滝〟を配する〝夫婦滝〟を総称して「雨乞の滝」と呼ばれている。〝雌滝〟は落差45メートルの3段からなる段漠で、〝雄滝〟は直漠の27メートルである。

滝名は、その昔、干ばつの折に農民が滝前で蓑笠を着て鐘や太鼓を打ち鳴らして雨乞いを行なったことに由来し、滝には竜王神・不動尊が祀られている。

駐車場から川に沿って遊歩道を進むと、〝うぐいす滝〟〝不動滝〟〝地獄淵〟〝もみじ滝〟〝観音滝〟を楽しむことができ、20分ほどで「雨乞の滝」に到着する。

さらに、滝より30分ほど上ると卑弥呼伝説が残る高根山悲願寺がある。

国道438号線神山町役場を過ぎ、寄井中バス停より高根谷川沿い2・5キロ南に進む。無料駐車場がある。

53.0 × 45.5　2007

45.5 × 53.0　2020

◉問い合わせ先　神山町観光協会　088（676）1118

雪輪の滝（ゆきわのたき）

落下型　渓流瀑
落差　３００メートル

愛媛県宇和島市野川　四万十川水系目黒川支流

花崗岩の一枚岩で出来たなだらかな斜面を全長３００メートル、幅20メートルにわたって清流が雪輪の様な美しい紋様となって流れ落ちる珍しい滝である。但し、水量が多い時はこの雪輪紋様は見えない場合があるので注意。

ＪＲ予土線松丸駅よりタクシーで25分ほど、万年橋駐車場で下車。そこから渓流沿いに遊歩道を40分ほど上る。自動車では松山自動車道大洲北ＩＣから国道１９７号線、国道３８１号線を通り県道８号線に入り滑床渓谷の案内板に従って進むと万年橋の駐車場に着く。約90分ほど。

「雪輪の滝」の１００メートルほど下流には〝小滝〟があるが、「雪輪の滝」とは逆に、水量が少ないとみることが出来ない。

53.0 × 45.5　2020

●問い合わせ先　松野町役場農林振興課　0895（42）1114

御来光の滝（ごらいこうのたき）

落下型　段瀑
落差　102メートル

愛媛県上浮穴郡久万高原町　仁淀川支流の面河川

仁淀川の面河渓にあり、落差102メートルのスケールの大きい段瀑の名瀑である。

石鎚スカイラインの長尾尾根展望所から遠望することができるが、滝の魅力を直に感じるには、そこから片道3時間かけて急激な斜面を下り、アップダウンの多い谷沿いや崖沿いの登山道を歩き滝下まで行かなければならない。

登山道の途中には、危険な箇所や、道に迷いやすい場所もあるので注意が必要。

滝は南向きに面して明るく、運が良ければ天気の良い日の午前中には、滝に架かる虹を見ることができる。

松山自動車道の川内インターを降りて、国道494号線経由で石鎚スカイラインへ。

53.0 × 45.5　2020

◉問い合わせ先　久万高原町役場企画観光課　0892（21）1111

龍王の滝

落下型　段瀑
落差　20メートル

高知県長岡郡大豊町佐賀山　吉野川水系南小川支流佐賀山川

梶ヶ森頂上より湧き出る水を源とする佐賀山川に「龍王の滝」は位置する。

上部が小さく段になって20メートルの落差で流れ落ちている。こじんまりとし、斜線を描きながらまっすぐに流れ落ちる姿が実に印象的な滝である。

この滝には大蛇に化身した娘が棲んでいるという伝説が残っている。

その昔、滝の下流にある佐賀山部落の一軒の家に、美しい娘が一夜の宿を請うた。その娘は「私が休んだら体に水を掛けてください」と願った。不思議に思った家の主人は娘が就寝したころ、隣の部屋から除くと大蛇がとぐろを巻いていた。翌朝、主人は礼を述べて立ち去る娘の後を着けて行くと、娘は「龍王の滝」の滝壺に身を沈めて行ったのだった。その後、主人は大病を患い寝たきりになったのだった。

53.0 × 45.5　2007

53.0 × 45.5　2020

●問い合わせ先　大豊町観光開発協会　0887（79）0108

轟の滝

落下型　段瀑
落差　82メートル

高知県香美市香北町　物部川水系日比原川

平家落人伝説の残る御在所岳北麓にあり、落差82メートルの絶壁を3段に分かれて落下している。それぞれに滝壺があり、特に、最上段の滝壺は15メートルの甌穴があって、脇には神社がある。

この「轟の滝」の滝壺には、〝玉織姫伝説〟がのこっている。平家一門の伊和三太夫には美貌と機織りの名人として知られる一人娘の〝玉織姫〟がいた。この姫が「轟の滝」に棲む大蛇にさらわれ、三太夫は姫を助けるために滝壺に飛び込んだ。ところが、3日間歓待され、姫も絹の巻物を形見に渡し、永遠の別れをつげたのである。自宅に戻った三太夫は3年の月日が経過していることに驚いたが、その後は、平和な日々が続き、加えて次第に繁栄していったとのことである。

53.0 × 45.5　2020

53.0 × 45.5　2007

◉問い合わせ先　海陽町観光協会　0884（76）3050

大樽の滝（おおだるのたき）

落下型　直瀑
落差　34メートル

高知県高岡郡越知町山室字大樽　仁淀川支流の大樽谷川

　仁淀川支流の大樽谷川にかかる滝で、標高わずか200メートルほどの場所に落差34メートルの大樽の滝はある。名の由来のごとく、大きな樽の水をまいたように轟音を立てて豪快に流れ落ちる迫力ある様は、一見の価値がある。

　この滝を形成している岩肌は、4億年以上前の花崗岩とされ、岩肌を囲む自生の木々との絶妙なバランスが一層太古への想いを醸し出してくれる。

　滝の上部には大蛇が棲んでいたと伝わる〝囲炉裏ヶ淵〟〝中樽、上樽の淵〟などがある。

　横倉山県立公園の一部に指定されており、滝の真下には橋がかけられ、ダイナミックな滝を展望することができ、また、滝前には、〝大樽自然塾〟というログハウスが建っており、有料で利用することができる。

53.0 × 45.5　2020

◉問い合わせ先　越知町観光協会　0889（26）1004

九州・沖縄

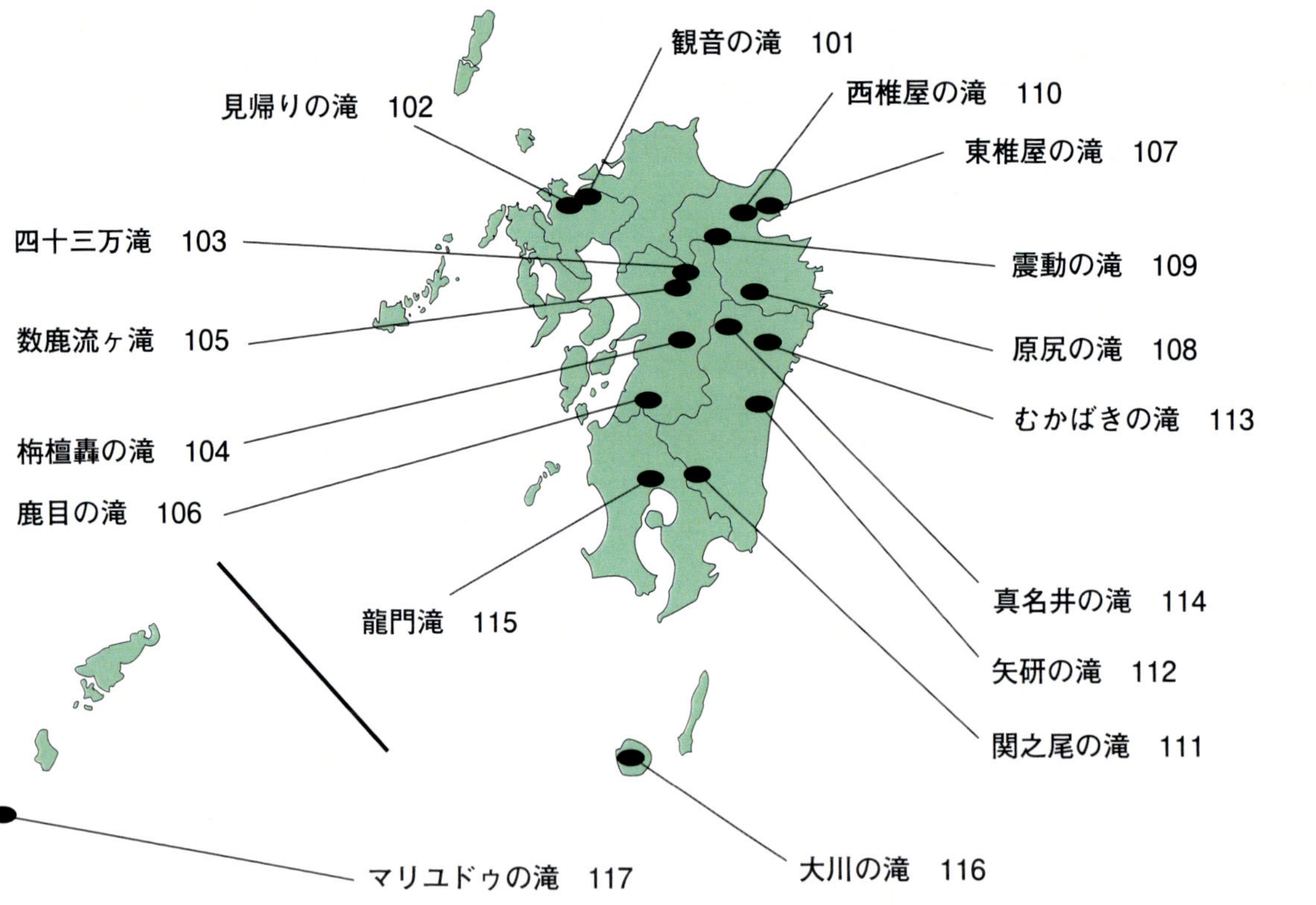
観音の滝　101
見帰りの滝　102
西椎屋の滝　110
東椎屋の滝　107
四十三万滝　103
震動の滝　109
数鹿流ヶ滝　105
原尻の滝　108
むかばきの滝　113
梅檀轟の滝　104
鹿目の滝　106
龍門滝　115
真名井の滝　114
矢研の滝　112
関之尾の滝　111
大川の滝　116
マリユドゥの滝　117

観音の滝

落下型　段漠
落差　45メートル

佐賀県唐津市七山滝川　玉島水系滝川川

駐車場横の階段を谷へ降りて川沿いに進むと、「観音の滝」に到着するまでに幾つかの小滝と淵に出逢う。〝木がくれの淵〟〝静寂の淵〟〝清めの淵〟〝奥梅豆羅の淵〟〝狭霧の滝〟〝白絹の滝〟である。これら滝と淵が清流で結ばれたもので、なかでも一番大きな滝が「観音の滝」で、傾斜のある岩場より、激しく落下する水流から〝男滝〟とも呼ばれる豪快な滝である。

滝の脇には、滝名の由来となった〝生目観音〟を祀った福聚院がある。桃山時代に名護屋越前守経述の妹〝広沢局〟が眼病を患ったため、〝生目観音〟を訪れ、21日間祈祷を行い滝の水で目を洗ったところ眼病が完治した。以来、眼病治療祈願の参拝者が後を絶たないという。

53.0 × 45.5　2020

◉問い合わせ先　唐津市七山市民センター　0955（53）7175

見帰り(みかえ)の滝(たき)

落下型　分岐瀑
落差　100メートル

佐賀県唐津市相知町　左伊岐佐川

滝周辺は〝見帰りの滝公園〟として整備され、色々な場所から滝を眺めることができる。

右岸には不動尊、地蔵尊、十一面観音があり、すぐ下流には、しぶき橋、あじさい橋の二つの橋がかかっている。

落差100メートルを誇る「見帰りの滝」は流れが幾条にも分かれ、滝壺で合流する繊細さと壮麗さを併せ持った滝である。

滝名の由来でもある、この滝で修行に励んだ浄方寺の僧〝卜心〟が、何度も振り返りながら滝を見て帰って行った。という伝説もうなづける美しさを誇っている。

別名〝あじさいの滝〟とも呼ばれ、滝と下流周辺にブルー、ピンク、紫など約40種類・4000株の紫陽花が植えられており、毎年六月に〝見帰りの滝アジサイ祭り〟が開催される。

53.0 × 45.5　2021

◉問い合わせ先　佐賀県観光連盟　0952（26）6754

四十三万滝（よんじゅうさんまんたき）

落下型　渓流瀑
落差　10メートル

熊本県菊池市大字原字深葉　菊池川

菊池渓谷の一番奥にある滝で、滝の高さは10メートル程度で低いが、水量が豊富な岩を滑るように流れる綺麗な渓流瀑である。

滝名の由来は二説あり、一つは、九州日々新聞社が、景勝地募集を行ったところ、この滝が43万票を獲得し、一位になったことからこの名が付いた。もう一つは、一日の平均水量が43万石（7・8トン）と変わらないことから名付けられたとのこと。

「四十三万滝」には駐車場から、20分程度だが、この菊池渓谷は〝掛幕の滝〟〝黎明の滝〟〝紅葉ヶ瀬〟〝竜ヶ淵〟〝天狗滝〟〝広河原〟など見所満載の渓谷美が楽しめる場所である。但し、この渓谷に入るには、強制ではないが、清掃協力金（100円）を求められる。

45.5 × 53.0　2021

45.5 × 53.0　2007

●問い合わせ先　菊池市役所商工観光課　0968（25）7223

栴檀轟の滝

落下型　直瀑
落差　70メートル

熊本県八代市泉町柿迫　球磨川水系川辺川

川辺川支流の奥地にある平家の里〝五家荘〟に流れる小原川にかかる滝で、断崖から一気に流れ落ちる落差70メートルの直瀑である。

この地では滝のことを〝轟〟と呼び、かって周辺には栴檀の大木が自生していたことからその名が付いたという。滝の周辺は広葉樹の自然林がそのまま残り、うっそうとした森林の中に荘厳な滝の姿を目にすることができる。

滝の上流にある駐車場から遊歩道を10分ほど歩くと、滝壺の傍まで行くことができる。遊歩道には、江戸時代の文献〝五家荘紀行〟に記された吊橋の図面をもとに設計されたという長さ38メートルの〝せんだん轟吊橋〟がかかっている。アクセスは八代市泉支所から約19キロの熊本県道52号線小川泉線沿い。

53.0 × 45.5　2022

53.0 × 45.5　2007

◉問い合わせ先　八代市泉支所地域振興課　0965（67）2730

数鹿流ヶ滝

落下型　直瀑
落差　60メートル

熊本県阿蘇郡南阿蘇村立野　白川水系黒川

南阿蘇村を流れる黒川が白川に合流する地点のやや上流にかかる落差60メートルの直瀑で、大きな滝壺に一気に落下する様は実に豪快そのもの。

名前の由来は二説ある。一つは神話伝説で、健磐龍命がカルデラ湖となっていた阿蘇に、田畑を造るために外輪山を足で蹴破りそこに滝を創造した。この時に数頭の鹿が流されてしまったので、この滝を「数鹿流ヶ滝」と呼ぶようになった。そして、もう一つの伝承は、鎌倉時代初期の頃、阿蘇氏が〝下野の狩り〟と呼ばれる巻狩りを行った際に、追いつめられ逃げ場を失った数頭の鹿が滝に落ちて流された。その後、この滝は、「数鹿流ヶ滝」と呼ばれるようになったという伝承である。

JR豊肥本線立野駅よりタクシーで5分ほど。

53.0 × 45.5　2022

◉問い合わせ先　南阿蘇村産業観光課　0967（67）1111

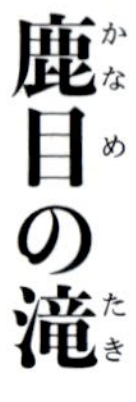

鹿目（かなめ）の滝（たき）

落下型　直瀑（雄滝）
落差　36メートル（雄滝）

熊本県人吉市　球磨川の支流鹿目川

日本三急流の一つ″球磨川″の支流″鹿目川″の上流にあり、″雄滝″″雌滝″″平滝″の三つの滝からなる。別名″鹿目八重滝″とも呼ばれている。

″雄滝″は縦に伸びる柱状節理の大岩壁を豪快に流れ落ちている男性的な滝で、水量の多い時は二条の滝となってさらに迫力を増す。崖下には、この地がかって湖だったことを物語る人吉層が露出している。滝のすぐそばまで近寄ることができるので、さらにスリルを味わうことができる。

南側にあるのが″雌滝″で急崖を滑るように30メートル下に落下している。そして、″平滝″は″雄滝″の上流にあり、薄い石が幾重にも重なったような岩盤の表面を、清流が覆いながら、緩やかに流れ落ちる落差10メートルの優美な滝である。

産交バス人吉・鹿目線のバス停留所″滝の上″を下ってすぐ。

53.0 × 45.5　2022

◉問い合わせ先　人吉市観光振興課　0966（22）2111

東椎屋の滝（ひがししいやのたき）

落下型　直瀑
落差　85メートル

大分県宇佐市安心院町東椎屋　駅館川水系滝川

東椎屋地区にある滝ということで「東椎屋の滝」と呼ばれている。絶壁の上部は〝新耶馬溶岩〟、下部は〝集塊岩〟で形成され、そのダイナミックな絶壁を直下に85メートルの高さから落下している。

その様が、〝日光の華厳の滝〟に似ていることから、〝九州華厳〟とも言われ、また、この滝のある耶馬渓一帯には名瀑が多く、〝西椎屋の滝（雄滝）〟〝東椎屋の滝（雌滝）〟〝福貴野の滝（子滝）〟を併せて〝宇佐の三滝〟とも呼ばれている。

昔から観音信仰の霊場にもなっており、広い滝壺から流れでた清流は、渓谷の岩肌を洗い、周囲の緑との調和となって美しい景色を醸し出している。

滝までは、有料駐車場から、徒歩で10分程度。

53.0 × 45.5　2020

●問い合わせ先　宇佐市観光協会安心院支部　0978（34）4839

原尻（はらじり）の滝（たき）

落下型　分岐瀑
落差　20メートル

大分県豊後大野市緒方町原尻　大野川水系緒方川

田園風景の平地に、突然滝が現れたかのように驚かされるユニークな滝である。

溶結凝灰岩の崩落によりできたもので、高さ20メートル、幅120メートルの馬蹄の形をしており、崖面には柱状節理を目にすることができ、その形から〝豊後のナイアガラ〟と呼ばれている。

滝の200メートル下流には木造の吊橋〝滝見橋〟がかかっており、滝を正面から見ることができる。また、上流には〝沈下橋〟があり、この二つの橋を通り、滝を一周できる遊歩道があったり、また、滝壺の岸まで降りることもでき、滝壺をボートで遊覧できるなどよく整備されている。

滝を見学する際には、滝のすぐ下流にある〝道の駅原尻滝〟の駐車場を利用することができる。

45.5 × 53.0　2022

●問い合わせ先　道の駅原尻の滝　0974（42）4140

震動(しんどう)の滝(たき)

落下型　段瀑（雄滝）
落差　83メートル（雄滝）

大分県玖珠郡九重町　筑後川水系鳴子川

玖珠川上流の九酔渓にかかる〝雄滝〟〝雌滝〟〝子滝〟〝孫滝〟を総称して「震動の滝」と呼ばれている。

滝名の由来は、〝雄滝〟の豊富な水量が、断崖を流れ落ちる際に、その勢いで周辺が震動してしまうほど凄まじい迫力から「震動の滝」と名付けられた。

〝雄滝〟の滝壺左には38度の温泉が湧出しており、右側絶壁には鍾乳洞が二つある。また、古くから〝竜神伝説〟が伝承され、災害のたびに滝壺に餅を供えて、竜神の怒りを鎮める儀式が行われていた。

２００６年に当時日本一高く（１７３メートル）、長い（３９０メートル）歩行者専用橋〝九重夢大吊橋〟が開通し、ここからも滝の景観を展望することができる。

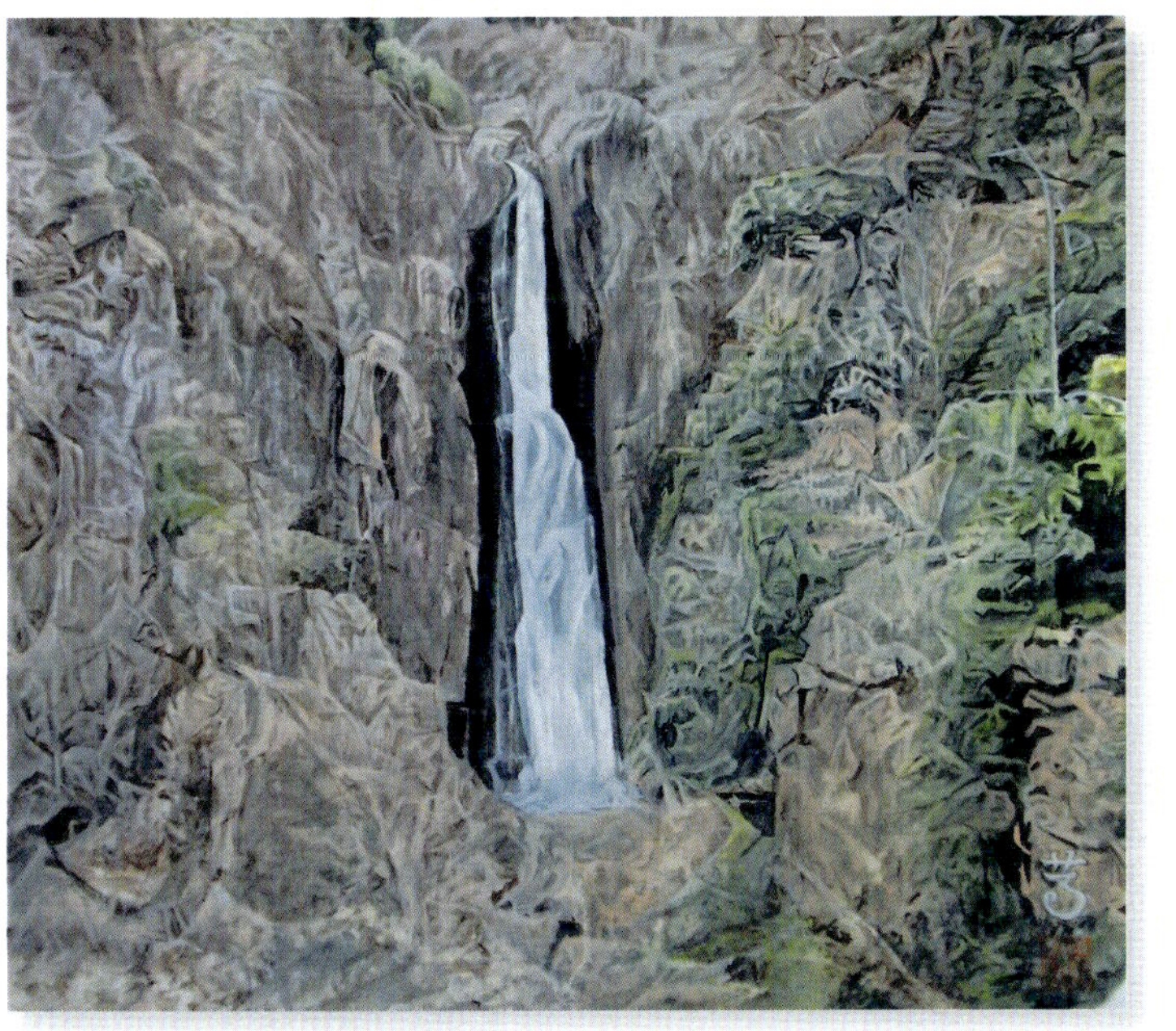

45.5 × 53.0　2022

◉問い合わせ先　九重町役場商工観光環境課　0973（76）3150

西椎屋の滝

落下型　直瀑
落差　83メートル

大分県玖珠郡玖珠町日出生　日出生川

玖珠郡玖珠町と宇佐市院内町の境界に位置しており、この滝の上流側が玖珠町で、下流側が院内町である。

〝耶馬渓六十六景〟の一つに数えられ、また、〝宇佐の三滝〟のひとつでもある。断崖を一気に流れ落ちる豪快さと美しい景観で、かつては鎮西第一と賞賛されるほどの豪瀑だったが、日出生ダム建設に伴う大規模な開発によって往時の美しい景観は損なわれてしまったようだ。

国道387号線より椎屋耶馬渓方面へ向かう。案内板があるので迷うことはない。駐車場から急な歩道を400メートルほど下ると観瀑台があり、その姿を目にすることができる。もう少し頑張って、足元に注意しながらさらに険しい道を下だり、もう一つの観瀑台まで足をのばすと、間近に「西椎屋の滝」を体感できる。

53.0 × 45.5　2022

◉問い合わせ先　玖珠町役場商工観光振興課　0973（72）7153

関之尾の滝

落下型　分岐瀑（大滝）
落差　18メートル（大滝）

宮崎県都城市関之尾町　大淀川水系庄内川

大滝（幅40メートル・落差18メートル）、男滝、女滝の三つを総称して「関之尾の滝」と呼ばれている。大滝は、約11万年前の太古の時代のカルデラ噴火物である溶結凝灰岩に覆われた岩場が特徴で、長い年月を経て浸食されてできた裂け目から吹き出るように流水が落下している。男滝は北前船用水路の余水吐き、女滝は、取水口としての目的で人手によって岩壁を掘り造られたものである。

上流には世界有数の規模と言われている大規模な甌穴群が連なっており、国の天然記念物の指定をうけている。

お雪が、北郷氏当主に、お酌をしたお酒を誤ってこぼしてしまった。それを悔いてお雪は杯を持って滝壺に身投げてしまった。

恋人の経幸は、悲しみのあまり日夜滝の上からお雪の名を叫んだ。その後、名月の夜になると滝壺から朱塗りの杯が浮かんでくるようになったとの伝説がある。

45.5 × 53.0　2022

●問い合わせ先　都城観光協会　0986（23）2460

矢研の滝（やとぎのたき）

落下型　分岐瀑
落差　73メートル

宮崎県児湯郡都農町尾鈴　名貫川

都農町西部に流れる名貫川上流の矢研谷にかかり、尾鈴山瀑布郡を代表する滝の一つである。

高さ73メートルの岩壁を数条に分かれて美しい白条を引きながら落下しており、ことに、樹間を通して見る迫力ある滝とのコントラストは幽遠の美の世界へ誘ってくれる。

滝下には、多くの岩が横たわっているが、長年の浸食によって岩壁が崩落したものだそうだ。

滝名の由来は、神武天皇が東征の前にこの滝の水で矢尻を研いだとされることから「矢研の滝」と呼ばれるようになったとの伝説が残っている。

国道10号線から県道３０７号線尾鈴山方面へ。尾鈴山キャンプ滝場近くの駐車場を利用。駐車場から滝までは30分弱ほど。

53.0 × 45.5　2022

◉問い合わせ先　都農町役場産業振興課　0983（25）5721

むかばきの滝

落下型　直瀑
落差　77メートル

宮崎県延岡市行縢町　五ヶ瀬川水系行縢川

延岡市行縢町行縢川にかかる滝で祖母傾国定公園内にある。通称〝行縢の滝〟。〝むかばき〟と読みずらいことから、ひらがなで「むかばきの滝」となったのでは。

〝行縢〟とは、戦国の武将が馬に乗るときに腰あてにした毛皮のことで、滝の形がこの行縢に似ていることから名前がついた。日本武尊（ヤマトタケルノミコト）が熊襲征伐の折に、この滝を見て、〝布引の矢筈の滝を射てみれば川上たける落ちて流れる〟と詠んだとされ、別名〝布引の滝〟〝矢筈の滝〟とも呼ばれている。

滝下まで行くことができ、高さ77メートルの一枚岩の大絶壁は、下から見上げるとその迫力に圧倒されてしまう。また、水量は多くないが、水飛沫が風に煽られて顔に降りかかり自然に抱かれる感触を味わうことができる。

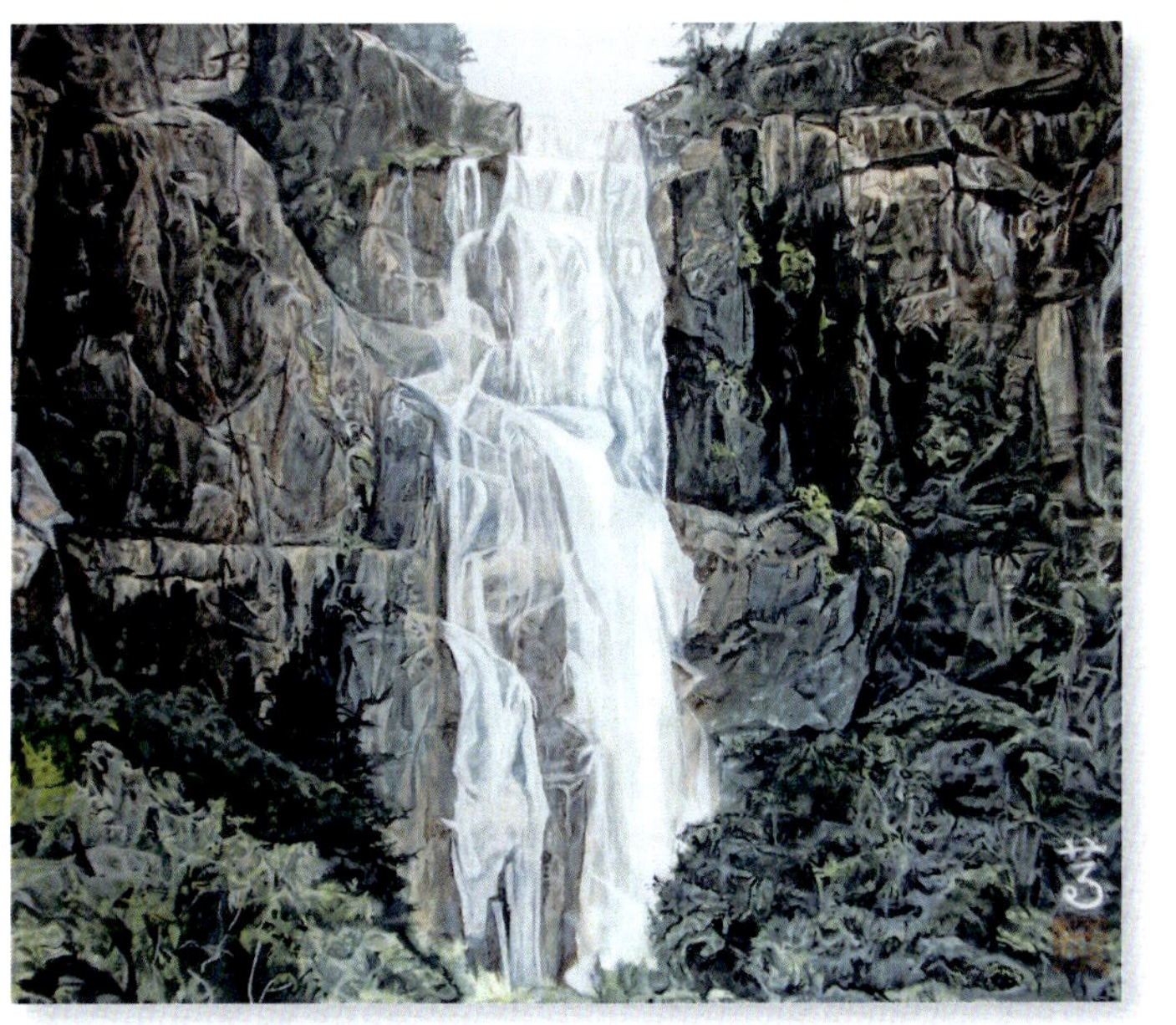

45.5 × 53.0　2022

◉問い合わせ先　延岡観光協会　0982（29）2155

真名井の滝（まないのたき）

落下型　直瀑
落差　17メートル

宮崎県西臼杵郡高千穂町三田井　五ヶ瀬川

国の天然記念物に指定されている高千穂峡谷（五ヶ瀬川峡谷）の川幅が狭まった部分に流れ落ちている滝で、阿蘇溶岩の浸食で湧き出した水が〝おのころ池〟となり、この池より岩の間をぬって流れ落ちる水が「真名井の滝」となっている。

神話では、天村雲命（あめのむらくものみこと）が天孫降臨の際に、水が無かったこの地に水種を移した。これが〝天真名井〟として湧水し、滝になり流れ落ちているといわれている。

滝を囲む高さ100メートル近い断崖は、安山岩からなる柱状節理の岩壁が7キロに渡って続いている。滝付近は、峡谷にそって遊歩道も整備されており、また、貸しボートで滝下まで遊覧できるようになっている。

45.5 × 53.0　2023

●問い合わせ先　高千穂町役場企画観光課　0982（73）1212

龍門滝（りゅうもんたき）

落下型　分岐瀑
落差　46メートル

鹿児島県姶良市加治木町　網掛川

加治木町の市街地で鹿児島湾にそそぐ網掛川の下流に位置する滝で、安山岩の柱状節理が発達した岩盤の岩肌を、幾筋もの流れになって落下する印象的な滝である。

この滝の水量は、上流で農業用水として取水されるため、季節や天候によって大きく変動する。農繁期と雨が少ない日が重なると滝の流れがほぼなくなることもあるらしい。

名前の由来は、昔、日本に来た唐人がこの滝に感動して、〝漢土の龍門の瀑を見る如し〟と言ったことから「龍門滝」と呼ぶようになった。〝滝展望所〟には、加治木城主の島津久徴が建てさせた滝観音が今も残されており、近くには〝龍門滝温泉〟〝板井手の滝〟などがあり、観光客だけではなく地元の人々の憩いの場ともなっている。

遠望だが、九州自動車道の車窓からも眺めることができる。

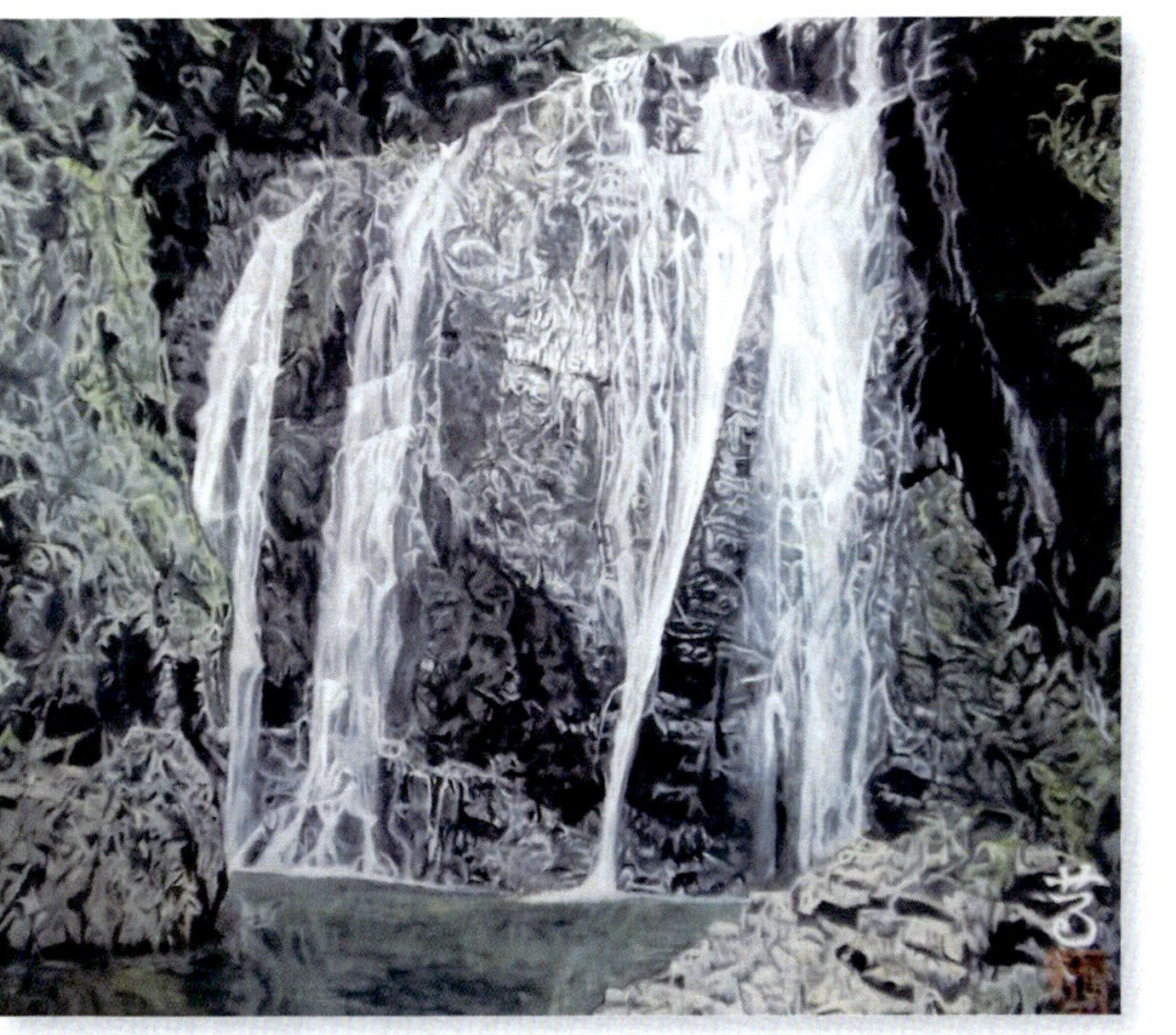

45.5 × 53.0　2023

◉問い合わせ先　姶良市観光協会　0995（62）2111

大川（おおこ）の滝（たき）

落下型　分岐瀑
落差　88メートル

鹿児島県熊毛郡屋久島町栗生　大川

屋久島では川のことを〝ごう〟〝こ〟と言い大川（おおかわ）の下流にある滝であることから、「大川（おおこ）の滝」と呼ぶようになった。

県道78号線の近くにあって海岸からも5分ほどの距離。周辺を照葉樹林に覆われ、88メートルの堆積岩の岩壁を大きく二筋に分かれて勢いよく落下している。

滝壺の前まで歩いて行くことができ、滝壺から吹き上がる水しぶきで、マイナスイオンをたっぷり身体に浴びることができる。

近くには、日本名水百選に選定されている〝大川湧水〟もある。

種子島、屋久島交通の永田・大川の滝線終点。〝大川の滝〟停車場下車、徒歩3分ほど。

45.5 × 53.0　2023

●問い合わせ先　屋久島町観光まちづくり課　0997（43）5900

マリユドゥの滝（たき）

落下型　渓流瀑
落差　16メートル

沖縄県八重山郡竹富町上原　浦内川上流

西表島の西側を流れる浦内川の上流にかかる滝。落差は16メートルとさほど大きくないが、2段に分かれ、直径130メートルもある丸く深いエメラルドグリーンの滝壺が特徴的で、豊富な水量で流れ落ちている。

〝マリユドゥ〟とは島の方言で〝丸く淀んだところ〟のことで、〝丸い滝壺〟であることから滝の名前が付いた。

崖は砂岩層で形成されているが、250メートルほど上流にも同じ砂岩層でできた200メートルに及ぶ渓流瀑〝カンピレーの滝〟（神の座の滝）がある。周辺の岸壁には、いずれも南国特有の植物が多く自生している。浦内川観光の遊覧船に乗船。到着後、整備された遊歩道を40分ほど歩いて展望台に到着する。

45.5 × 53.0　2023

◉問い合わせ先　竹富町観光協会　0980（82）5445

日本の滝100選

滝の名称	所在地	頁
北海道		
羽衣の滝	北海道川上郡東川町　忠別川支流	5
インクラの滝	北海道白老郡白老町　別々川支流の西別々川	6
賀老の滝	北海道島牧郡島牧村　千走川上流	7
流星・銀河の滝	北海道上川郡上川町　石狩川左岸の断崖	8
アシリベツの滝	北海道札幌市南区滝野　厚別川上流	9
オシンコシンの滝	北海道斜里郡斜里町　チャラッセナイ川河口付近	10
東北		
くろくまの滝	青森県西津軽郡鰺ヶ沢町　赤石川中流付近の支流滝ノ沢	13
松見の滝	青森県十和田市奥入瀬字黄瀬国有林内 奥入瀬川支流の黄瀬川	14
不動の滝	岩手県八幡平市高畑　桜松神社　不動川上流	15
秋保大滝	宮城県仙台市太白区秋保町馬場字大滝　名取川上流	16
三階の滝	宮城県苅田郡蔵王町　澄川	17
七滝	秋田県鹿角郡小坂町上向字藤原　米代川上流荒川川	18
茶釜の滝	秋田県鹿角市八幡平地区熊沢外国有林内　夜明島川上流	19
法体の滝	秋田県由利本荘市鳥海町百宅　子吉川支流の赤沢川	20
安の滝	秋田県北秋田市阿仁　打当川上流の中ノ又沢	21
滑川大滝	山形県米沢市大字大沢　阿武隈川支流の松川上流	22
白糸の滝	山形県最上郡戸沢村古口　最上川	23
七ツ滝	山形県鶴岡市大字田麦俣字七ツ滝　梵字川支流の田麦川	24
乙字ケ滝	福島県須賀川市玉川村　阿武隈川	25
三条の滝	福島県南会津郡檜枝岐村字燧ヶ岳　阿賀野川支流の只見川源流	26
銚子ケ滝	福島県郡山市熱海町石筵　阿武隈川支流の石筵川	27
関東		
袋田の滝	茨城県久慈郡大子町袋田　久慈川支流の滝川上流	29
華厳の滝	栃木県日光市 利根川支流の大谷川	31

滝の名称	所在地	頁
霧降の滝	栃木県日光市所野　板穴川の支流霧降川	33
吹割の滝	群馬県沼田市利根町　利根川支流の片品川	34
常布の滝	群馬県吾妻郡草津町　白砂川支流	35
棚下不動の滝	群馬県渋川市赤城町棚下　利根川	36
丸神の滝	埼玉県秩父郡小鹿野町両神小森　小森川支流	37
払沢の滝	東京都西多摩郡檜原村　多摩川支流北秋川	38
早戸大滝	神奈川県相模原市緑区鳥屋　相模川支流の大滝沢	39
洒水の滝	神奈川県足柄上郡山北町平山地内　酒匂川支流の滝沢川	40
中部		
七ツ釜五段の滝	山梨県山梨市三富上釜口　西沢渓谷	43
北精進ヶ滝	山梨県北杜市武川町黒澤　富士川支流の石空川	44
仙娥滝	山梨県甲府市猪狩町　富士川支流の荒川上流	45
鈴ヶ滝	新潟県村上市高根　三面川支流の鈴谷川	46
苗名滝	新潟県妙高市杉野沢　関川上流	47
惣滝	新潟県妙高市（燕温泉）地先　関川支流の太田切川上流大倉沢	48
称名滝	富山県中新川郡立山町　常願寺川支流の称名川	49
姥ヶ滝	石川県白山市吉野谷村　蛇谷支流	50
龍双ヶ滝	福井県今立郡池田町　九頭竜川水系足羽川支流の部子川	51
米子大瀑布	長野県須坂市米子　信濃川支流の米子川	52
三本滝	長野県松本市安曇野地区　信濃川支流の小大野川	53
田立の滝	長野県木曽郡南木曽町　木曽川支流の大滝川	54
根尾の滝	岐阜県下呂市小坂町落合　飛騨川水系濁河川支流の小坂川	55
平湯大滝	岐阜県高山市奥飛騨温泉郷平湯　神通川水系高原川支流の平湯川	56
養老の滝	岐阜県養老郡養老町養老公園　揖斐川水系津屋川支流の滝谷	57
阿弥陀ヶ滝	岐阜県郡上市白鳥町前谷　木曽川水系長良川支流の前谷川	58
安倍の大滝	静岡県静岡市葵区　安倍川の上流	59
浄蓮の滝	静岡県伊豆市湯ヶ島　狩野川支流の本谷川	60
白糸の滝	静岡県富士宮市上井手　富士川支流の芝川上流	61

滝の名称	所在地	頁
音止の滝	静岡県富士宮市上井手　富士川支流の芝川上流	62
阿寺の七滝	愛知県新城市下吉田　豊川支流の阿寺川	63
近畿		
布引の滝	三重県熊野市紀和町大河内　楊枝川支流	65
赤目四十八滝	三重県名張市赤目町　淀川支流の滝川	66
七ツ釜滝	三重県多気郡大台町　宮川	67
八ツ淵の滝	滋賀県高島市鹿ヶ瀬　鴨川	68
金引の滝	京都府宮津市滝馬　大手川支流	69
箕面の滝	大阪府箕面市　淀川水系猪川支流の箕面川	70
原不動滝	兵庫県宍粟市波賀町原　揖斐川水系引原川支流の八丈川	71
猿尾滝	兵庫県美方郡香美町村岡区　湯舟川支流の作山川	72
天滝	兵庫県養父市大屋町筏　円山川支流の大屋川	73
布引の滝	兵庫県神戸市中央区葺合町　生田川の中流（布引渓流）	74
双門の滝	奈良県吉野郡天川村北角　弥山川	75
不動七重の滝	奈良県吉野郡下北山村　北山川支流の前鬼川	76
笹の滝	奈良県吉野郡十津川村大字内原　十津川支流の滝川	77
中の滝	奈良県吉野郡上北山村大台ヶ原　東の川支流	78
那智の滝	和歌山県東牟婁郡那智勝浦町　那智川	79
桑ノ木の滝	和歌山県新宮市　熊野川水系高田川の支流桑ノ木渓谷	81
八草の滝	和歌山県西牟婁郡白浜町久木　日置川支流の品瀬川谷	82
中国・四国		
大山滝	鳥取県東伯郡琴浦町野井倉　加勢蛇川上流	85
雨滝	鳥取県鳥取市国府町　千代川水系袋川の支流雨滝川	86
壇鏡の滝	島根県隠岐郡隠岐の島町那久　那久川	87
龍頭八重滝	島根県雲南市掛合町松笠　揖斐川水系滝谷川・民谷川	88
神庭の滝	岡山県真庭市神庭　旭川支流の神庭川	89
常清滝	広島県三次市作木町下作木　江の川水系作木川支流	90
寂地峡五竜の滝	山口県岩国市錦町宇佐　錦川水系宇佐川	91

滝の名称	所在地	頁
大釜の滝	徳島県那賀郡那賀町木沢村　那賀川水系釜ヶ谷川	92
轟九十九滝	徳島県海部郡海陽町平井王余魚谷　海部川水系	93
雨乞の滝	徳島県名西郡神山町　吉野川水系鮎喰川支流の高根谷川	94
雪輪の滝	愛媛県宇和島市野川　四万十川水系目黒川支流	95
御来光の滝	愛媛県上浮穴郡久万高原町　仁淀川支流の面河川	96
龍王の滝	高知県長岡郡大豊町佐賀山　吉野川水系南小川支流佐賀山川	97
轟の滝	高知県香美市香北町　物部川水系日比原川	98
大樽の滝	高知県高岡郡越知町山室字大樽　仁淀川支流の大樽谷川	99
九州・沖縄		
観音の滝	佐賀県唐津市七山滝川　玉島水系滝川川	101
見返りの滝	佐賀県唐津市相知町　左伊岐佐川	102
四十三万滝	熊本県菊池市大字原字深葉　菊池川	103
栴檀轟の滝	熊本県八代市泉町柿迫　球磨川水系川辺川	104
数鹿流ヶ滝	熊本県阿蘇郡南阿蘇村立野　白川水系黒川	105
鹿目の滝	熊本県人吉市　球磨川の支流鹿目川	106
東椎屋の滝	大分県宇佐市安心院町東椎屋　駅館川水系滝川	107
原尻の滝	大分県豊後大野市緒方町原尻　大野川水系緒方川	108
震動の滝	大分県玖珠郡九重町　筑後川水系鳴子川	109
西椎屋の滝	大分県玖珠郡玖珠町日出生　日出生川	110
関之尾の滝	宮崎県都城市関之尾町　大淀川水系庄内川	111
矢研の滝	宮崎県児湯郡都農町尾鈴　名貫川	112
むかばきの滝	宮崎県延岡市行縢町　五ヶ瀬川水系行縢川	113
真名井の滝	宮崎県西臼杵郡高千穂町三田井　五ヶ瀬川	114
龍門滝	鹿児島県姶良市加治木町　網掛川	115
大川の滝	鹿児島県熊毛郡屋久島町栗生　大川	116
マリユドゥの滝	沖縄県八重山郡竹富町上原　浦内川上流	117

■日本の滝百選

「日本の滝百選」は１９９０年に選定された日本を代表する滝１００景の総称であり、別名「日本百名瀑」、「日本百名滝」とも呼ばれている。１９９０年、観光庁（当時）・林野庁の後援を受けて、緑の地球防衛基金、緑の文明学会、グリーンルネサンスの団体が立ち上げた「森林浴の森１００選」に次いで企画されたもので、日本全国から34万１２９２通、５２７滝の応募があった。8人の選考委員のもとで５２７滝から１２７滝に、最終選考で１００滝に絞られて同年４月８日に富山県立山町で選定された百選地の代表に〝選定認定証〟が贈られた。

■参考文献

●日本の滝１０００

・幽遠の滝３００　・遊楽の滝３５０　・和みの滝３５０

竹内敏信＋日本滝写真家協会　学習研究社

●日本の名景

・滝　1・2・3

鉄　弘一　光村推古書院

●日本の瀧

永瀬嘉平　毎日新聞社

●ネット検索

・フリー百科事典　ウイキペディア

・日本の森・滝・渚全国協議会

・観光情報サイト（ぐるたび）

・サイトＨＩＮＯＨＡＲＡプラス

・ASAHI・NET

・所在地の管轄役所及び観光協会等のホームページ

・他関連情報サイト

■プロフィール

阿部篤敬（本名 忠明）

神奈川県横浜市 在住

一九四四年 満洲国佳木斯で出生
一九六八年 東京経済大学経済学部卒業後
宝飾品の輸入卸商社に勤務
（企画部に配属）
一九七五年 京都新聞、新潟日報で広告賞を受賞
一九八四年 日経アドインパクト賞を受賞
一九八五年 全国カレンダー展 通産大臣賞を受賞
一九八九年 同社取締役に就任（マーケティング担当）
一九九七年 同社退社
一九九八年 不動産会社グループの管理会社に勤務
独学で絵画に没頭
二〇〇一年 著書「忠恕」出版
二〇〇六年 同社退社
二〇〇八年 「日本の滝百選」をスタート
現在に至る

水彩画で巡る癒しの 日本の滝　百選

著
阿部篤敬

発行日
2024年9月12日　第1刷発行

発行者
田辺修三

発行所
東洋出版株式会社
〒112-0014　東京都文京区関口1-23-6
電話　03-5261-1004（代）　振替　00110-2-175030

印刷・製本
日本ハイコム株式会社

ISBN 978-4-8096-8715-0
定価はカバーに表示してあります